michelle roy
avec la collaboration de **louise gauthier**

l'énergie en soi
guérir tout simplement

D0414822

BÉLIVEAU
★
éditeur

Conception et réalisation de la couverture : Fannie Blaney

Dépôt légal : 2ᵉ trimestre 2010
Bibliothèque et Archives nationales du Québec
Bibliothèque et Archives Canada

ISBN 978-2-89092-453-6

 5090, rue de Bellechasse
Montréal (Québec) Canada H1T 2A2
514 253-0403   Télécopieur : 514 253-2714

www.beliveauediteur.com
admin@beliveauediteur.com

Gouvernement du Québec — Programme de crédit d'impôt pour l'édition de livres — Gestion SODEC — www.sodec.gouv.qc.ca.

Nous reconnaissons l'aide financière du gouvernement du Canada par l'entremise du Programme d'Aide au Développement de l'Industrie de l'Édition (PADIÉ) pour nos activités d'édition.

IMPRIMÉ AU CANADA

à tous ceux
que j'ai connus
et aimés,
et à ceux
que je ne connais pas,
je vous aime déjà

l'énergie en soi

Avant-propos

Au début de ma vie professionnelle, j'ai travaillé plusieurs années dans le milieu hospitalier. Dans un département de médecine et de cardiologie, j'ai assisté des gens en phase terminale et j'ai observé les phases de la vie et de la mort.

Bien que nous tentions de donner beaucoup de réconfort aux malades, les restrictions budgétaires constantes nous obligeaient à traiter davantage les maladies que les malades.

Juste un peu avant de terminer une décennie, je suis retournée aux études ; j'ai obtenu un baccalauréat en design graphique de l'UQÀM. J'ai ensuite dirigé ma propre entreprise durant près de quinze ans.

Après avoir éprouvé de sévères problèmes de santé, je me suis remise sur pied en ayant recours à des consultations avec un hypnologue et, surtout, en étudiant la pratique énergétique pendant plusieurs années. Au fil du temps et des recherches, j'ai découvert pourquoi il y a tant d'épuisements professionnels et de dépressions… et à quel point nous avons en nous les ressources nécessaires pour vaincre nos propres difficultés.

Bien que mon entreprise de design fonctionnât à plein régime, j'ai réalisé que j'avais désormais envie de faire autre chose de ma vie.

Passionnée par la nature humaine et son fonctionnement, je me suis donné comme mission d'écouter les individus avec compassion, de comprendre les difficultés énoncées, de tenter d'en découvrir la source, d'informer, de soulager, de rééquilibrer l'énergie du corps, dans l'unique but de donner des ailes à l'âme. Pour ce faire, j'ai étudié la pratique énergétique, les techniques de libération émotionnelle et l'hypnose thérapeutique.

En plus d'informations scientifiques accessibles à tous, je vous présente ici mes découvertes concernant notre potentiel énergétique. En utilisant l'humour et plusieurs images fortes qui font partie de ma manière naturelle de parler, je vous invite à la réflexion sur le sens de la vie. Et c'est avec du respect pour chacun que je vous propose des pistes ouvrant sur l'espoir, pour mieux être.

Chapitre 1

« Vous ne voyez pas le monde tel qu'il est.
Vous le voyez tel que vous êtes. »
Talmud

Tout est énergie

Nous sommes des êtres émotifs et la qualité des émotions présentes en nous détermine notre perception de la vie. Il est aussi vrai de dire que nos perceptions induisent différentes qualités d'émotions. Celui qui se coupe de ses émotions se coupe du plaisir de vivre.

Il y a deux genres d'émotions : agréables et désagréables. Ces émotions véhiculent beaucoup d'énergie. Si elles nous semblent agréables, elles sont stimulantes ; désagréables, elles se révèlent épuisantes.

Tout est énergie

La vie est un mouvement énergétique ; une succession ininterrompue de causes et d'effets.

L'énergie est entièrement neutre, elle n'est ni négative ni positive. Elle a besoin des deux polarités afin d'exister. On peut l'utiliser pour guérir ou pour blesser.

Harmonie

Si nous aimons ce que nous sommes de même que notre vie, nous sommes dans l'équilibre énergétique.

Le cœur fabrique alors des hormones bénéfiques et amène une joie ressentie comme une force tranquille.

Lorsque l'esprit est en équilibre, il n'est pas nécessaire de lui demander d'être positif... il l'est déjà !

Déséquilibre

Si nous n'aimons pas ce que nous vivons, l'énergie en nous sera déséquilibrée. Si la peur (consciente ou non) nous stimule, elle amènera éventuellement son lot de réactions en chaîne.

Nous ressentirons un manque ou de l'agitation, le malaise suivra et ensuite la maladie.

Impact sur le physique

Au début de ma vie de naturothérapeute, par ma pratique et essentiellement en hypnose, j'aidais mes clients à déloger les émotions difficiles à vivre pour eux. J'ai eu la surprise de constater que le corps en tirait profit presque immédiatement.

Certains malaises, parfois chroniques, s'évaporaient d'eux-mêmes. Même sans traitement pour le corps. Même si la difficulté physique de mon client m'était alors inconnue. Il n'y a rien de miraculeux dans le processus, c'est juste du gros bon sens.

Même recette... mêmes résultats

Tout en souhaitant des résultats énergétiques différents, nous conservons les mouvements habituels, et souvent erronés, de notre énergie. Nous pensons souvent à tort qu'orienter nos pensées de manière positive y changera quelque chose.

Afin d'obtenir des résultats différents, il est plus sage de faire circuler l'énergie différemment. Selon mon expérience, le plus facile est de déloger les mémoires, les blocages... Une fois les murs enlevés, la lumière circule naturellement. Il n'y a pas à forcer.

Signal d'alarme

Le malaise est, dans bien des cas, le résultat de ce qui fait obstacle à la libre circulation de l'énergie. Il en est la conséquence. Par son expression, il nous dit ce que nous devons rétablir.

D'après mon expérience, le malaise est issu de nos mémoires. Il est notre ami. Si on écoute cet ami avec ouverture, il nous donne toutes les clés nécessaires à la résolution du conflit intérieur. Cette ouverture à ce qui est difficile à vivre nous permet d'accepter et de modifier les états énergétiques.

Lutter contre une difficulté ne fait qu'ajouter de l'énergie au conflit. L'humoriste québécois Pierre Légaré a dit à peu près ceci : « Le cancer est le malaise que mon cerveau a créé afin de m'aider à guérir. La médecine traditionnelle, par ses traitements, m'a permis de vivre suffisamment longtemps pour trouver la source de mon conflit intérieur. »

La sagesse du corps

Par son expression, le corps nous parle de la sagesse (*sophia*) qui vient de Dieu (*theo*), la théosophie dont Gandhi était un adepte.

L'énergie en soi nous reflète le monde qui nous entoure. Il nous suffit de l'écouter !

Lorsque nous sommes mal, nous sommes des victimes déçues de la vision du monde que nous avons créée. Lorsque nous sommes en paix, nous voyons le monde plein de promesses et de lumière.

Chapitre 2

Chaque corps humain
est une source fascinante
d'énergie en action.
En éliminant les foyers
de conflits intérieurs,
la découverte de qui
nous sommes vraiment
s'impose et réjouit.
Le bonheur devient
alors quelque chose
à vivre, et non plus un
objectif à atteindre.

La responsabilité de soi

« Tous les moyens sont bons quand ils sont efficaces. »
Jean-Paul Sartre

L'être humain est vraiment une fascinante source d'énergie ; mieux comprendre qui nous sommes, comment nous fonctionnons, amène un sentiment de joie et de solidité. Je ne suis ni scientifique, ni spécialiste de la médecine, ni théologienne. J'ai toutefois découvert, à force de détresse, de recherche sur l'énergie du corps humain, de méditation, de formation, un nombre essentiel de choses que je souhaite partager avec vous aujourd'hui.

Chaque malaise ressenti provoque une réaction du système nerveux. C'est ce que le docteur David Servan-Schreiber appelle les mécanismes « psycho-neuro-immunitaires ». Ce psychiatre, qui a fait des recherches en neuroscience cognitive, a écrit et vendu plusieurs millions d'exemplaires de son livre *Guérir*, traitant de la médecine des émotions.

Après le succès de ce livre traduit en vingt-huit langues, il vient d'en écrire un autre sur les mécanismes anticancer.

Chaque fois que je l'écoute en entrevue, je suis fascinée de constater que j'arrive aux mêmes constats que lui, en ayant toutefois emprunté un chemin complètement différent.

Ce médecin mentionne que des études scientifiques très poussées prouvent que si vous avez été adopté, il y a beaucoup plus de probabilités que vous subissiez les mêmes problèmes physiques que vos parents adoptifs que vous viviez ceux de vos parents biologiques. Pourquoi?

C'est que tout ce que nous vivons s'enregistre quelque part dans nos cellules et est préservé par l'inconscient.

Certaines blessures, souvent issues de l'enfance, généralement inconscientes, refont surface et nous bouleversent démesurément.

Ces émotions désagréables à vivre nous font perdre énormément d'énergie.

Nous réagissons alors trop fortement à ces émotions que nous tentons d'analyser ou de contrôler, adoptant une réaction de détresse ou d'hypervigilance.

Nous vivons parfois des émotions très intenses qui peuvent nous épuiser et qui nous empêchent de trouver le calme nécessaire à la résolution des problèmes.

Si vous ressentez une douleur physique, analyser ou disséquer cette douleur, ou encore tenter de la contrôler pourrait difficilement vous aider à la guérir. Il vous faut d'abord accueillir cette douleur et prendre soin d'offrir à votre corps l'aide nécessaire pour se soulager.

Il a été établi scientifiquement que nous possédons deux cerveaux. Nous devons commencer par traiter le cerveau émotionnel pour parvenir à nous guérir. Lorsque j'ai suivi ma formation d'hypnologue, il a été clairement dit que le cerveau émotionnel est plus fort que le cerveau rationnel. Lorsque nous sommes émotifs, nous ne sommes pas forcément logiques. Pourquoi tenter d'analyser ce qui est illogique? Selon moi, il est préférable de déloger l'émotion afin que l'équilibre se rétablisse et que l'individu récupère son énergie.

Le corps (et l'âme) ne demande que ça, refaire l'équilibre!

Par les symptômes ou la maladie, notre corps déclenche un système d'alarme nous demandant de soulager notre psychique.

Couper le son de l'alarme n'éteint pas le feu !

Je vous propose de comprendre sommairement comment fonctionnent les cerveaux émotionnel et rationnel, car ceux-ci évoluent, ils sont très différents à la naissance et à l'âge adulte.

Je vous propose également de tenter de découvrir quels sont les déclencheurs de vos malaises. À quoi servent ces malaises ? Je vous suggérerai quelques techniques de guérison accessibles.

De mon côté, je ne connais aucun individu ayant atteint l'équilibre parfait.

Tendre à y parvenir heureusement nous amène enthousiasme et joie.

Mais le véritable travail entraîne une implication émotionnelle, c'est-à-dire énergétique, une quête vers la vérité.

Gandhi a dit : « Avant, je croyais que Dieu était la Vérité, je sais maintenant que la Vérité est Dieu. »

Toutes les formes d'énergie se transforment ; la vie est constituée d'un mouvement perpétuel de causes et d'effets.

La vie suit son mouvement et ne rien vouloir changer amène aussi des conséquences. Penser que le fait de ne rien changer nous met à l'abri de quelque chose est faux. C'est le fait d'accepter que la vie soit faite d'incertitudes qui nous permet de bouger agréablement dans son flot.

Lorsque j'ai travaillé en milieu hospitalier, comme aide-infirmière ou commis intermédiaire, il m'est arrivé souvent de constater que les gens ayant des difficultés cardiaques vivaient davantage de problèmes avec l'émotion de la colère. Ceux qui avaient des difficultés respiratoires éprouvaient des émotions reliées davantage à l'anxiété.

Il n'y a aucun jugement dans mes propos. Comment ne pas ressentir de l'anxiété lorsqu'on a du mal à respirer ? Nous sommes des êtres émotifs complexes. C'est par ces émotions que la vie devient si intéressante.

Un des cardiologues inscrivait parfois au dossier « TLC », ce qui me faisait sourire chaque fois. Les lettres voulaient dire Tender Loving Care.

Il prescrivait au personnel d'être aux petits soins avec le patient, afin de l'aider à se rétablir le mieux possible. Ce n'est plus un secret pour personne que les gens malades ont davantage de chances de guérir s'ils se sentent aimés et appuyés par des êtres chers.

Énergétiquement, l'amour est primordial à la guérison.

On lit à la page 50 du livre *Guérir*, de David Servan-Schreiber : « Outre qu'il dispose de son propre réseau de neurones semi-autonome, le cœur est aussi une petite usine à hormones. Il sécrète sa propre réserve d'adrénaline qu'il libère lorsqu'il a besoin de fonctionner au maximum de ses capacités. Il sécrète aussi et contrôle la libération d'une autre hormone, l'ANF, qui régule la tension artérielle. Il sécrète enfin sa propre réserve d'ocytocine, l'hormone de l'amour. Celle-ci est libérée dans le sang, par exemple, lorsqu'une mère allaite son enfant, lorsque deux êtres se font la cour, et au cours d'un orgasme. Toutes ces hormones agissent directement sur le cerveau. Enfin, le cœur fait participer tout l'organisme des variations de son vaste champ électromagnétique, que l'on peut détecter à plusieurs mètres du corps, mais on ne connaît pas la signification. On le voit bien, l'importance du cœur dans le langage des émotions n'est pas qu'une image. Le cœur perçoit et ressent. Et, quand il s'exprime, il influence la physiologie de notre organisme, à commencer par le cerveau. »

Durant les années où je relevais les ordonnances médicales, j'ai été témoin de toute la panoplie de médicaments prescrits afin de contrer les effets secondaires (iatrogènes) des médicaments pris antérieurement. Pas étonnant que l'industrie pharmaceutique soit si lucrative.

J'ai été témoin d'erreurs médicales de toutes sortes. J'ai été témoin de la quasi-dictature de certains « médecins rois » faisant passer sur le dos des infirmières leurs propres bévues.

J'ai aussi été témoin de médecins et d'infirmières offrant des soins complexes avec grande empathie. Je les ai vus aussi se sentir impuissants, désarmés, et parfois découragés devant l'ampleur de la tâche.

J'ai vu des individus recouvrer la santé à l'hôpital après une série de traitements complexes. Leurs symptômes récurrents réapparaissaient lorsqu'ils retournaient au travail ou à la maison. Puis ils revenaient à la santé à l'hôpital, où ils n'avaient plus à vivre les mêmes émotions que dans leur contexte habituel. Ils refaisaient ainsi le trajet santé / hôpital et quotidien / maladie plusieurs fois, sans vraiment faire les changements nécessaires afin que le quotidien cesse d'engendrer la maladie.

En effet, dans la vie, il est bien évident que si on ne change rien à une situation, on ne changera rien aux répercussions de cette situation. Si on ne change rien, rien ne changera.

Je suis absolument convaincue que chaque histoire de guérison est une histoire d'autoguérison.

Il faut cependant choisir de se faire accompagner dans le processus.

Chapitre 3

Il y a toujours des choix possibles !

Ce qui m'est le plus difficile comme enseignante en pratique énergétique et comme consultante en santé des émotions, c'est d'amener les individus à être responsables de leur santé, de leur bonheur, de leur vie. Pourquoi ?

Parce que durant les quelques décennies précédentes, les décideurs étaient les gens instruits.

Culturellement, nous avons été programmés à fonctionner sous la tutelle de l'Église, des médecins, des patrons, des parents…

Prendre notre vie en main est un choix que nous n'avons pas souvent l'habitude de faire.

Un jour, je reçois un homme qui me dit : « Je voudrais que vous m'hypnotisiez afin que je puisse dormir. » Je lui ai demandé combien d'heures par jour il travaillait. « Je travaille de seize à vingt heures par jour. Il faut bien travailler sans relâche si on veut réussir ! » Je lui ai répondu qu'il n'était pas nécessaire de travailler autant pour réussir, qu'il allait surtout réussir à s'épuiser à force de ne pas prendre de repos.

Il m'a regardé avec suspicion et il est parti.

En fait, il voulait que je l'hypnotise afin qu'il puisse dormir tout en gardant le même rythme de vie. Je le voyais déjà très hypnotisé par ses croyances sur la réussite. Selon moi, un bon hypnologue n'hypnotise pas, il déshypnotise !

Je reviendrai plus loin sur le sujet de l'hypnose, de sa mauvaise réputation, de ses possibilités fabuleuses pour débloquer les mémoires...

Une autre fois, une femme dans la soixantaine m'a dit : « J'ai vu les meilleurs thérapeutes, les plus diplômés, les mieux payés, les plus célèbres... aucun n'a réussi à me guérir ! »

Je lui ai répondu : « Je ne pense pas pouvoir vous guérir non plus, je vous propose simplement de vous accompagner sur le chemin de votre propre guérison. »

Elle m'a regardé avec suspicion et elle aussi est partie.

Elle ne voulait même pas me dire ce qui lui était pénible, elle aurait voulu que je le devine (car elle l'avait déjà raconté si souvent à d'autres) ; elle ne voulait aucune collaboration entre nous, elle voulait déposer ses difficultés, payer et partir soulagée.

Malheureusement, cela ne peut pas fonctionner ainsi dans le travail que je fais.

Si j'avais besoin de ses difficultés à elle chez moi, je les aurais déjà en moi.

Laissez-moi vous raconter une histoire personnelle.

Mon médecin me recommande un jour à un spécialiste en gynécologie afin de vérifier une difficulté d'ordre menstruel. Le spécialiste met le spéculum, l'enlève et me propose une hystérectomie que je refuse immédiatement. Je suis déjà informée de tout ce que cette opération peut amener de difficultés éventuelles. Il s'offusque et me répond : « Tiens tiens tiens, en voici encore une qui voudrait aller au ciel et qui refuse de mourir ! » Je sors de son bureau en colère et surprise de sa réaction.

J'en ai parlé au pharmacien et il m'a conseillé l'arrêt de mes pilules anticonceptionnelles. Ce qui a réglé le problème. J'étais ravie, il va sans dire.

La quête du bonheur semble présente en chacun de nous. Aucun individu ne m'a jamais affirmé : « Je suis suffisamment heureux, je ne veux pas davantage de bonheur. » Mais très peu de gens souhaitent devenir pleinement responsables de ce bonheur.

Pour certaines personnes, il leur est **vraiment impossible** de comprendre que nous portons en nous la responsabilité de notre vie. Cette notion de responsabilisation de soi leur est tout à fait inconcevable.

La vie ne nous apporte pas toujours ce que nous souhaitons, mais elle nous donne ce dont nous avons besoin.

Il m'est arrivé aussi de me faire malmener par une femme ayant des problèmes de frigidité. Elle m'a hurlé qu'elle ne souhaitait pas devoir se payer dix consultations avant de connaître le bonheur dans son corps !

Je lui ai répondu que j'espérais moi aussi que ça puisse aller vite pour elle afin de découvrir toutes les subtilités du plaisir. Toutefois, sa difficulté n'était pas la mienne. Et si je n'avais pas cette difficulté, c'était probablement que je n'en avais pas besoin. Malgré son désir de trouver une solution, elle n'a jamais essayé aucun des exercices que je lui avais proposés. Semble-t-il qu'elle m'ait fait mauvaise réputation auprès d'un autre thérapeute chevronné qui, en fin de compte, n'a pas eu plus de succès ni meilleure réputation.

Une amie massothérapeute m'a confié : « Les gens me demandent combien de temps il me faudra avant qu'ils ne souffrent plus de ce mal de dos, combien de massages seront nécessaires ? » Elle ajoute : « Mes clients veulent des posologies. » Elle essaie de les renvoyer vers eux-mêmes en disant : « Tu souffres depuis quand ? Quel a été l'événement déclencheur ? Tu es prêt à quoi pour aller mieux ? »

Une de mes étudiantes m'a dit : « Je voudrais t'amener un petit garçon qui bégaie, c'est moi qui paierai ses consultations. La mère du petit a précisé qu'elle ne pourra te l'amener que deux fois. Elle est très cartésienne et pense que tu ne pourras rien faire. La maman dit que le problème est génétique, même si personne n'a jamais bégayé dans la famille ! »

Quelle est la définition du mot *cartésien*? Qui procède par des déductions logiques, des démarches méthodiques rigoureuses!

Ne serait-il pas plus cartésien de penser que l'équilibre de l'enfant est plus important que les convictions limitatives de la mère? Selon moi, il serait souhaitable pour l'enfant qu'il comprenne que le désir sincère mène vers le chemin de la guérison. Si on met au premier plan les limitations « de convictions génétiques, de temps, d'argent... », comment guérir alors?

Et la génétique! On en mène large sur son dos. Combien de fois ai-je entendu dire que le problème de fibromyalgie... est d'ordre génétique, alors que personne dans la famille n'en a jamais souffert?

Je ne suis pas une spécialiste, loin de là, mais selon les études sérieuses, si les chercheurs affirment que nos parents adoptifs influencent davantage que les géniteurs, il y a matière à réflexion. Nous y reviendrons avec mon concept de fausses vérités.

D'ailleurs, il n'est pas utile d'investir dans des méthodes interminables qui n'amènent aucun ou très peu de résultats de bien-être. Être responsable, c'est aussi évaluer ce qui nous rend bien.

J'ai traité une femme qui s'était laissé démolir durant dix-sept années par un spécialiste en santé mentale. Elle manquait de confiance en elle et chaque fois qu'elle énonçait une idée, une sensation, il ne cessait de lui affirmer qu'elle était dans l'erreur. L'expérience destructrice a duré plusieurs années sans qu'elle envisage d'y mettre un terme.

Malheureusement, peu de techniques efficaces existent pour dénouer les émotions désagréables qui encombrent notre énergie. Même les massothérapeutes ou les ostéopathes, lesquels touchent directement la peau du corps humain et parfois les mémoires du passé incrustées dans le corps, sont peu outillés pour faire face à une détresse émergeant lors d'un massage.

Il est donc préférable de tenter d'y voir clair par nous-mêmes lorsque c'est possible.

Premièrement, avoir le désir sincère d'aller vers le bonheur... à tout prix!

Deuxièmement, se responsabiliser soi-même de ses propres difficultés.

C'est Paul Auster qui a dit : « Si on n'est pas prêt à tout, on n'est prêt à rien ».

Je suis entièrement d'accord avec cet écrivain. Être prêt à tout ne veut pas dire être ouvert à n'importe quoi ! Cela veut juste dire être en mode d'ouverture. Ce ne sont pas toutes les médecines conventionnelles, ou naturelles, ou énergétiques, qui sont bonnes.

Je pense qu'il faut se comporter de manière responsable afin de bien cerner ce qui nous convient le mieux. Et j'affirme aussi que le meilleur thérapeute est celui qui rend son client (ou patient) responsable de sa propre vie.

Chapitre 4

«Le bonheur, c'est lorsque vos actes
sont en accord avec vos paroles.»
Gandhi

Trois choix

Il y a des gens qui souffrent de « c'ta cause » chronique. Ils sont malheureux et affirment : **c'ta cause de ci, c'ta cause de ça, c'ta cause d'elle, c'ta cause de lui…**

Pour guérir de la « c'ta cause », je vous propose une façon bien simple de voir les choses. Pour chaque situation de la vie, nous avons toujours au moins trois choix possibles : endurer, quitter ou modifier.

Chaque choix amène une conséquence.

Si vous choisissez d'**endurer** un malaise ou une situation difficile, vous demandez à votre corps d'encaisser une série de répercussions qui risquent de devenir désastreuses. C'est ce que, souvent, nous avons appris à faire.

Endurer, c'est faire le choix de ne pas faire de choix. C'est choisir de laisser l'autre choisir pour vous.

Si vous faites ce choix, c'est que vous ne voulez pas payer le prix des autres choix. Vous paierez toutefois pour ce choix de ne pas choisir. Malheureusement, la plupart du temps, au détriment de votre propre énergie.

D'un point de vue énergétique, c'est le pire des choix.

Vous voulez éviter les conséquences reliées à vos choix ? Vous décidez alors de ne pas choisir. Les gens qui vous entourent choisiront pour vous. Ils risquent alors de vous amener là où ils le veulent ! Vous aurez alors la surprise du résultat, car vous ne l'aurez pas choisi. Choisir de ne pas choisir amène souvent son lot de déceptions, généralement celles-là mêmes que nous souhaitions éviter.

Nous avons été conditionnés à ne pas choisir la liberté…

Lorsqu'on capture de petits éléphants, on leur met une grosse chaîne autour de la patte. Durant plusieurs jours consécutifs, ils tentent de s'en défaire. Ils se conditionnent ainsi à se sentir piégés. Lorsqu'ils n'essaient plus de se départir de leur chaîne, on peut facilement la remplacer par une ficelle. Cet animal deviendra immense, mais restera convaincu que ce qu'il ressent autour de sa patte l'empêche d'être libre. Il déplacera sans trop de difficulté des charges énormes, mais restera sagement enchaîné à une ficelle. Il a été domestiqué ainsi, et ne sait pas qu'il pourrait en être autrement.

Quitter, c'est parfois une fuite.

Bien des gens quittent des relations afin d'avoir la paix. La paix est une émotion, les émotions résident dans le corps. Trouver la paix veut dire trouver «la paix en soi». Quitter afin d'avoir la paix ne résout rien si on quitte avec le conflit intérieur.

Combien de fois ai-je quitté une situation que j'ai recréée à nouveau par la suite ? Je ne sais pas pour vous, mais moi, j'ai la tête dure. Alors j'ai répété les mêmes patterns dans des contextes différents.

Quitter peut s'avérer un choix judicieux lorsque nous n'arrivons plus à nous retrouver dans un couple, dans un travail… parce que nous nous sommes modifiés.

Quitter est valable lorsqu'il est impossible de changer quoi que ce soit à un contexte. Il ne vaut pas la peine de mettre de l'énergie dans quelque chose de peu nourrissant. Le contexte familial, par exemple, en est un où il existe souvent des liens complexes de manipulations, d'attentes non exprimées ou fausses…

Il paraît que, quelque part en Afrique, on attrape des singes en mettant un fruit dans une cage beaucoup plus petite que l'animal. Le singe glisse la main entre les barreaux de la cage et attrape le fruit qui s'y trouve. Une fois sa main fermée, il ne peut plus la retirer car elle reste coincée entre les barreaux. Il pourrait redevenir libre d'aller se nourrir dans le monde qui l'entoure, mais il n'arrive pas à lâcher ce fruit qui ne le nourrit pas.

Le singe sera capturé parce qu'il a peur de perdre spécifiquement ce fruit.

Il perd tout, car il ne veut pas prendre le risque de quitter.

Modifier est, selon moi, le meilleur choix, lorsque celui-ci est possible.

Un jour, alors que j'étais allée aider un ami, professeur dans une classe d'adolescents de quinze ans, j'ai demandé aux jeunes ce qu'ils enduraient, ce qu'ils souhaitaient quitter, ce qu'ils voulaient modifier.

Voici en gros la compilation des réponses.

Ils endurent l'autorité.

Ils aimeraient quitter l'autorité.

Et ils souhaiteraient **changer l'autre** !

Ils sont jeunes. J'ai toutefois en consultation les mêmes réponses chez les gens malheureux. Ce sont les autres qu'ils veulent changer et contrôler ! Même quand l'autre, le conjoint par exemple, est celui qu'on a choisi entre tous. C'est lui qu'on veut changer.

Mais, généralement, l'autre résiste. Et plus on veut le changer, plus il résiste !

L'autre habite sur la planète du libre arbitre. Tout comme nous. Il a le droit de faire les changements qui lui semblent appropriés quand bon lui semble.

Que d'énergie gaspillée à vouloir changer ce qui résiste !

Imaginons une fourmi déterminée qui colle ses crampons sur la planète Terre et souhaite la faire tourner de l'autre côté. Que va-t-il arriver à la fourmi, à ses crampons, à la Terre ?

La Terre poursuivra sa rotation inévitablement, la fourmi va user ses crampons et brûler ses réserves énergétiques.

Un jour que je donnais cet exemple à un client, il m'a répondu : « Oui, mais moi, je me fais aider par des thérapeutes ! »

Alors, imaginons maintenant une fourmi déterminée, appuyée par quatre ou cinq fourmis thérapeutes. Toutes ces petites bêtes collent leurs crampons sur la planète Terre…

Que va-t-il arriver de différent ?

Que fait-on pour se responsabiliser ?

On s'arrête, on se questionne, on s'informe.

Grâce à Internet, on peut désormais trouver des informations sur les effets secondaires des traitements, des médicaments… Ces informations, maintenant accessibles même si elles ne sont pas toutes valables, nous permettent de faire des choix mieux éclairés.

L'oncologue vient de vous dire que vous êtes condamné ? Il a peut-être raison. Peut-être pas. Il serait bon pour vous que vous mettiez vos efforts à lui montrer qu'il pourrait bien avoir tort.

Je vous défie de faire changer les statistiques ! Les statistiques sont réalisées à partir de l'expérience des individus. Il est illogique que ce soit l'inverse qui se produise.

Lorsque ce sont les chiffres qui forment la réalité de l'individu, c'est regrettable. Les chiffres sont des chiffres, ils peuvent bouger en fonction de l'expérience. Ils ne doivent pas confirmer que vous êtes foutu !

Un jour, alors que j'étais dans un cocktail de gens d'affaires et que j'expliquais à plusieurs en quoi consistait mon travail, j'ai révélé qu'un de mes étudiants était en train de s'autoguérir de sa sclérose en plaques.

Quelqu'un s'est alors mis en colère : « Vous n'avez pas le droit de dire qu'il est possible d'en guérir ! Il s'agit d'une maladie dégénérative et nous n'y pouvons rien ! »

Je n'ai pas vraiment compris pourquoi cet individu a réagi si fortement ; si nous avions été seuls, j'aurais cherché à le savoir.

Mais dans ce contexte-là, j'ai seulement répondu : « Pour le moment, cet énoncé est vrai, je vous le concède. Il n'est pas entièrement guéri. Mais si jamais il guérissait et que d'autres faisaient comme lui ? Et si, dans cinquante ans ou cent ans, mille, deux mille, cinq mille personnes s'étaient guéries de la sclérose en plaques de manière naturelle, qu'aurions-nous le droit de dire ? »

Nous dirions : « C'est assez loufoque que nous ayons déjà pensé que nous ne pouvions pas nous guérir de certaines maladies. » Rester ouvert permet l'évolution.

Si l'individu se guérissait entièrement maintenant, la médecine conventionnelle (je veux dire celle qui tient mordicus aux conventions) pourrait dire : « Il s'agit fort probablement d'une erreur de diagnostic ». Et on remettrait ainsi les limitations dans les cases limitatives par besoin de se sécuriser.

Mais laissez-moi vous raconter l'histoire de cet homme…

Il avait tout d'abord décidé qu'il ne voulait pas se déplacer en fauteuil roulant. Il s'était montré ouvert aux possibilités de guérir. Il a accepté de participer à un programme de recherche offert par une entreprise pharmaceutique. Il était convaincu qu'il s'injectait un médicament qui allait bientôt faire ses preuves sur le marché. On lui faisait des analyses régulièrement, et on lui a annoncé qu'il était sur la bonne voie. On avait même constaté que son taux de myéline était à la hausse. Il a abandonné ses cannes et différentes améliorations se sont produites dans son énergie. Il a été bien surpris de savoir qu'il s'était fait, durant un long moment, une injection par jour d'un traitement placebo, de l'eau salée, tout simplement. Alors convaincu de son propre potentiel de guérison, il s'est inscrit à mes formations en pratiques énergétiques et en méditation. Tout le groupe le voyait se rétablir graduellement de ses problèmes de santé.

Je lui ai demandé : « Selon toi, quelle est la meilleure chose à faire lorsqu'on a la sclérose en plaques ? »

Sa réponse a été celle-ci : « Pour moi, il était primordial de ne pas rencontrer d'autres personnes ayant la même maladie. J'ai essayé d'aller y trouver du soutien, mais la seule chose que j'ai observée, c'est que ces gens se soutenaient dans leur conviction que nous dépérissions, comme on nous l'avait prédit. Personnellement, je trouvais ça déprimant. »

Il a évolué de manière étonnante vers la guérison. Il a ensuite arrêté toutes ses pratiques qui fonctionnaient bien. Selon moi, cet homme a eu peur de la guérison totale, car cela aurait pu impliquer la perte des compensations financières lui étant offertes par une police d'assurance maladie.

Certaines peurs peuvent, dans trop de situations, freiner le processus naturel de guérison.

De mon côté, cela m'amuse de voir que nous avons un système d'assurance maladie.

Est-ce parce que ce système assure la maladie ?

Si j'étais ministre de la Santé, je revendiquerais le droit de donner à ce système son identité et je le nommerais « assurance santé ». N'est-ce pas que cela dirige vers une autre intention et donne de l'espoir ?

Sans espoir, il est presque impossible de guérir !

Le docteur David Servan-Schreiber affirme que nous avons beaucoup plus de chances de nous rétablir en combinant nos efforts à ceux de la médecine conventionnelle. Pourquoi ne pas essayer ?

Si nous acceptons le verdict, c'est que nous avons déjà confié la responsabilité de notre santé à une institution parce que nous avons oublié que d'autres choix étaient possibles. Nous choisissons de ne pas choisir.

Cela reste un choix.

Chapitre 5

Pensées positives, pensées négatives

Nous sommes des êtres d'énergie.

En médecine conventionnelle, les spécialistes évaluent l'activité électrique de votre cerveau par des EEG (électro-encéphalogrammes) et celle de votre cœur par des ECG (électrocardiogrammes).

La médecine chinoise, entre autres par l'acupuncture, a défini des chemins électriques par lesquels notre énergie circule ; cela s'appelle des méridiens. Si la route est libre, l'énergie circule, s'il y a embouteillage, tout arrête et cela amène des difficultés.

Vous arrive-t-il de prendre des chocs ? Cela s'appelle de l'électricité statique.

Pour obtenir de l'électricité, nous avons besoin d'un pôle positif et d'un pôle négatif. L'énergie est neutre, elle naît grâce à ces deux pôles. Nous mangeons des aliments qui contiennent de l'énergie que nous transformons en carburant. La qualité des aliments amène plus facilement la qualité du carburant. Lorsque le tout fonctionne, la machine se porte bien et l'énergie est disponible en bonne quantité.

Lorsque ça ne fonctionne plus, nous avons appris qu'il vaut mieux être positif afin de se programmer à mieux fonctionner. Si ma voiture ne fonctionne plus, rester positif n'influence en rien le bris mécanique… Rester neutre peut davantage m'aider à trouver une solution.

Il est très facile d'être positif lorsque les choses vont bien. Se sentir agréablement bien indique que l'énergie du corps circule librement.

Si l'énergie bloque, nous ressentons de l'inconfort. Cet inconfort s'accompagne généralement d'émotions difficiles à vivre. Il ne sert à rien de lutter contre soi, de lutter contre cet état.

Marcel Béliveau a dit un jour : « J'ai eu deux cancers et je n'ai pas essayé de lutter contre ces cancers. Mon frère a mené le combat contre son cancer et il en est mort. »

Marcel Béliveau nous a maintenant quittés.

Il faut bien mourir un jour.

Et la mort n'est pas une punition, la maladie non plus ; c'est tout simplement le processus de l'énergie qui se transforme.

Énergétiquement, il vaut mieux être vrai, s'avouer la vérité. Si je suis actuellement vulnérable, je peux prendre soin de moi afin d'aller mieux. Si la meilleure recette est de donner de l'essence à son automobile lorsqu'elle affiche le manque, pourquoi ne pas le faire pour soi aussi ?

Il ne sert à rien de prétendre que je suis bien si je ne le suis pas.

Si votre enfant est mal en point, en prendre soin sera plus efficace que de lui demander de faire comme si tout allait bien. S'il acceptait de faire comme si tout allait bien, seriez-vous certain de le savoir dans un processus de guérison ? Ne serait-ce pas davantage du déni ?

Si un indicateur sur le tableau de bord de votre voiture indique que vous allez manquer d'essence, vous viendrait-il à l'idée de la motiver par la pensée positive afin qu'elle avance ? Monter le son de la radio afin de ne plus entendre un bruit suspect, est-ce que ça peut aider ?

Allez-vous vous attaquer à la voiture et taper dans les vitres pour qu'elle avance quand même ?

Pourtant, nous avons l'habitude de nous en vouloir d'être affaiblis par les malaises. Si vous vous bourrez de médicaments et allez travailler quand même, vous risquez les effets secondaires possibles, vous nourrissez les compagnies pharmaceutiques en dollars et vos collègues en virus contagieux.

De plus, vous confirmez que vous ne souhaitez pas prendre soin de votre corps.

Vous dites ainsi à votre propre énergie qu'elle a peu d'importance.

Aucune personne sage ne dirait à son meilleur allié qu'il a peu d'importance.

Si vous mentionniez à quelqu'un que vous êtes malheureux et qu'il vous répondait que cela n'a pas d'importance, comment réagiriez-vous ? Vous ne recevriez probablement pas sa réponse comme une parole favorable.

Eh bien, votre ami le corps humain, il réagit. Il vous parle plus fort afin de manifester son désaccord.

Le début de la guérison passe par l'acceptation de la réalité et la mise en action des choses à faire pour rétablir l'équilibre. Obtenir un diagnostic est important, mais ce n'est pas tout, il faut ensuite traiter le déséquilibre.

Trouver les causes du déséquilibre et rétablir le tir est nettement plus efficace que penser de façon positive. C'est plus logique aussi.

Si vous avez attrapé un rhume, c'est que votre énergie était à la baisse ; vous êtes fatigué, il est peut-être préférable de vous reposer.

Pourquoi ne pas donner une chance au corps de récupérer ?

Pourquoi ne pas en prendre soin ?

N'épuisez pas vos ressources énergétiques à tenter de penser positivement.

Conservez toutes vos énergies pour guérir !

Une de mes étudiantes, atteinte de cancer, a décidé de cesser de s'en vouloir de ne pas avoir l'énergie nécessaire «pour faire tout ce qu'il y a à faire», et de plutôt se donner dès maintenant le temps de prendre soin d'elle-même. Elle est revenue d'un traitement particulièrement difficile avec un joli sourire.

Tout le groupe s'est demandé pourquoi elle souriait ! Elle nous a expliqué qu'elle se sent plus heureuse, donc elle «pense plus positivement» depuis qu'elle a fait le choix de bien prendre soin d'elle-même.

Il n'est pas nécessaire de faire des efforts en ce sens. Lorsqu'on décide de s'accueillir soi-même dans nos vulnérabilités, l'amorce de la pensée positive se fait toute seule.

Votre âme aime que vous preniez soin de votre corps, alors elle sourit. Cela apporte la foi en la guérison. La foi, c'est la vie.

Un bébé souffrant de fièvre a-t-il besoin de claques sur les fesses pour se rétablir ? Pourquoi sommes-nous si durs envers nous-mêmes ?

Si l'enfant a besoin d'être réconforté, vous aussi en avez besoin.

Si vous n'êtes pas bien dans votre corps, vous ne pourrez être bien nulle part !

Si, par votre colère contre vous-même, vous frappez sur votre énergie lorsqu'elle se montre faible, vous éloignez de vous le processus guérisseur.

C'est inévitable.

Parlons encore voiture. Vous investissez pour le confort, vous lui donnez l'essence dont elle a besoin, les vidanges d'huile, l'entretien nécessaire. Vous laissez le moteur se refroidir de temps en temps… elle devrait vous servir longtemps !

Une de mes clientes m'a dit qu'elle a pris l'habitude de monter le son de sa radio afin de camoufler un bruit mécanique… Elle m'avoue qu'elle fait la même chose avec sa santé ! Elle est honnête. Nous oublions tous de prendre soin de notre corps et un jour arrive où ce corps nous le fait sentir. Si on ne l'écoute pas, il parlera plus fort, allant même jusqu'à hurler sa détresse.

Si vous prenez l'habitude de vous aimer, vous mangez bien, vous bougez pour rester en forme, vous prenez du temps de calme en méditant, vous allez obtenir une mécanique reluisante.

Il ne sera pas nécessaire à ce moment de mettre des efforts à «penser positif», cela se fera tout seul !

Chapitre 6

Le cerveau émotif et l'autre !

Lorsque nous sommes petits, notre cerveau est différent de lorsque nous arrivons à maturité. Nous sommes davantage émotifs, créatifs, intuitifs ; l'espace est à nous, il n'y a aucune limite. Nous serons astronaute ou chirurgien !

C'est le cerveau droit qui est le maître à bord.

Pendant l'enfance, nous avons un joli petit ordinateur de bord qui peut prendre des millions d'informations et les assimiler à une vitesse grand V. Nous « percevons des choses » que les grands souhaitent nous cacher. Nous sommes davantage émotifs que logiques. Des éponges créatives et fabuleuses de perceptions !

Voici comment le cerveau se sépare les tâches en fonction de ses deux hémisphères. Ce mode de fonctionnement, propre à l'espèce humaine, repose sur les principes suivants. Chaque hémisphère est indifférent aux perceptions et aux apprentissages de l'autre. Certains spécialistes disent même que nous avons deux cerveaux ! Si le sujet vous intéresse, je vous recommande le livre *Voyage au-delà de mon cerveau*, du docteur Jill Bolte Taylor, une neuroanatomiste victime d'un accident vasculaire cérébral qui y raconte ses incroyables découvertes... Ce qu'elle a vécu va complètement dans le même sens que les expériences que je fais depuis de nombreuses années.

Voici donc une réalité qui ne facilite pas les collaborations entre les personnes dites «cerveau gauche», plutôt masculines, et celles dites «cerveau droit», plutôt féminines! L'hémisphère droit ne parle pas, n'écrit pas, il entend. Il est non verbal. La perception de son collègue de gauche est qu'il n'existe pas.

Chaque hémisphère préfère accomplir souverainement les tâches que l'autre «juge» difficiles ou déplaisantes.

L'analyse dans le temps est pour le cerveau gauche qui pense en mots.

La synthèse dans l'espace est pour le cerveau droit qui pense en images.

En clair, que cela nous plaise ou non, nos cerveaux gauche et droit sont en concurrence. Comment transcender cette dualité? Que faire? Apprendre à voir plutôt qu'à regarder? Apprendre à entendre plutôt qu'écouter? Ou peut-être les deux?

Certains d'entre nous développeront davantage une personnalité logique et les autres, une personnalité intuitive. De petits êtres vrais qui ne savent pas que le mensonge existe, n'ayant pas accès à la possibilité d'analyser.

Mais les enfants sont davantage intuitifs.

Durant l'enfance, nous voyons nos parents comme des êtres suprêmes, au même étage que Dieu. On aime nos parents de manière inconditionnelle. Notre cœur est ouvert à tout ce qu'ils sont, à tout ce qu'ils pensent. Ce qu'ils pensent de nous. Nous acceptons pratiquement sans condition tout ce qu'ils nous offrent. Nous sommes obligés de vivre dans cette famille, ne sachant pas qu'il pourrait y avoir d'autres choix. Cette famille, c'est notre univers, notre survie en quelque sorte. La place qu'on y prend sera déterminante pour notre avenir.

C'est durant cette phase de la vie que nous achetons le plus de «**fausses vérités**».

C'est-à-dire des choses que nous croyons vraies, jusqu'à ce que nous sachions qu'elles sont fausses. Tous les enfants croient au père Noël, mais lorsque c'est fini, impossible de leur faire croire de nouveau. Une fois démasqué, il est trop tard, on ne peut plus revenir en arrière.

L'hémisphère gauche du cerveau est verbal, analytique, séquentiel, rationnel, orienté vers le temps et le discontinu. Il isole les éléments, élabore des plans détaillés, passe de l'abstrait au concret ; il gère le **comment**.	L'hémisphère droit du cerveau est non verbal, holistique, synthétique, visuel, spatial, intuitif, intemporel et diffus. Il possède une vue d'ensemble des choses, détermine les objectifs et passe du concret à l'abstrait ; il gère le **pourquoi**.
Connaissances	Expériences
Pensée logique	Émotions
Perception du monde extérieur	Perception du monde intérieur
Concepts, mots, nombres, parole	Images analogiques
Perception analytique	Musique
Raisonnement	Perception systémique
Rationalisation	Réflexion (alimentée de faits vécus)
Langue (grammaire, syntaxe, etc.)	Intuition
Sciences exactes	Art
Symbolisme	Sciences humaines
Temporel	Interprétation
Plein, matière, forme	Intemporel
Spécialisation	Vide, antimatière, informe
Localisation	Généralisation
Problème	Globalisation
Routine	Solution
Connu	Nouveauté
Savoir-faire	Inconnu
Mode répétitif, mode binaire	Savoir-être
Conscience	Mode complexe
	Conscience de la conscience[1]

1. Carter, R. (1999). *Neurosciences du comportement : les nouveaux savoirs et leurs conséquences*, Éditions Autrement. Cité dans "La conscience et le cerveau" par le groupe Conscientia inc. de Robert Bouchard et Marcelle Bélanger, 418 694-4096, www.groupeconscientia.com

Lorsqu'on sait quelque chose, on ne peut plus faire comme si on ne le savait pas.

On dit que sept ans est l'âge de raison. Autour de cet âge, le côté rationnel et logique du cerveau commence à se développer tout doucement et le fera jusqu'à environ douze ou treize ans.

Dans cette deuxième phase de la vie, nous développons davantage la notion de temps, la logique, l'expression du langage. Nous apprenons à nous distancier de l'influence de nos parents en devenant plus critiques. La dualité des deux cerveaux s'installe en nous.

Nous devenons plus critiques, mais nous avons acheté durant des années et des années des mensonges, des « **fausses vérités** » et des vérités vraies.

Nous avons perçu des choses bizarres, par exemple l'attirance d'un des parents pour un voisin ou une voisine. On a dit de ne pas mentir, mais nous sommes spectateurs des mensonges de nos parents, de leurs malaises…

Sans comprendre.

Les enfants idéalisent tellement leurs parents que lorsque quelque chose ne fait pas de sens à l'intérieur d'eux, ils ne peuvent même pas penser qu'un des parents soit fautif ou vulnérable. Les enfants s'attribuent à eux seuls la difficulté du parent. D'une certaine manière, les enfants se sentent responsables du bonheur et du malheur de leurs parents.

C'est pourquoi un enfant battu défendra son parent, car celui-ci est l'objet suprême de son amour. Le parent, invulnérable à ses yeux, ne peut pas se tromper. Par conséquent, pour cet enfant, s'il y a un coupable, c'est forcément l'enfant. Voilà pourquoi il est si difficile de dénoncer des parents agresseurs, violents ou pédophiles. Les victimes se sentent coupables !

« Les "petits" traumatismes laissent une longue trace […] À la fin du XIXᵉ siècle, Pierre Janet puis Sigmund Freud ont émis l'hypothèse audacieuse qu'une grande partie des troubles psychologiques que l'on rencontre tous les jours dans les cabinets de cliniciens – dépression, anxiété, anorexie, boulimie, abus d'alcool ou de drogue – avaient pour origine des événements traumatiques. C'était une contribution immense, mais elle n'a pas été suivie d'une méthode de traitement permettant de soulager rapidement les gens qui en souffrent. »[2]

Le côté gauche du cerveau est celui qui a le potentiel d'exprimer logiquement les choses, parce que l'expression du langage est davantage présente dans cet hémisphère. Il a donc tendance à vouloir contrôler et régler les problèmes, imposer ses décisions.

Lorsque j'ai suivi mon cours en tant qu'hypnothérapeute, mon professeur m'a affirmé que l'hémisphère droit est le plus fort ! Celle-ci disait que s'il y a conflit entre les deux hémisphères du cerveau, c'est l'émotion qui gagne. Dans cent pour cent des cas ! S'il en est ainsi, à quoi sert de vouloir « contrôler et gérer » ses émotions ? Ces deux actions sont liées au cerveau gauche.

Pourquoi vouloir mater nos émotions si, de toute manière, elles vont gagner ?

Imaginons que vous souffrez d'insomnie. Il y a des causes à la suractivité de votre cerveau et cela vous empêche de dormir. Si vous souhaitez contrôler la situation (contrôle / hémisphère gauche), vous vous organisez logiquement pour dormir (logique / hémisphère gauche).

Vos pensées s'emballent, vos émotions aussi (émotions / hémisphère droit). Vous vous sentez frustré (émotions / hémisphère droit). Il est deux heures du matin, je dois dormir ! (contrôle / hémisphère gauche).

Votre cerveau s'emballe de nouveau. C'est important pour moi la journée à venir, je me dois d'être en forme ! (logique / hémisphère gauche). Jusqu'à épuisement…

Puis, à quatre heures du matin, vous vous dites : « Tant pis, je dormirai quand je dormirai… » Que se passe-t-il alors ? Vous lâchez le contrôle, le conflit s'arrête, vous vous endormez… et le réveil s'empresse de s'activer !

Aussitôt que vous ne voulez plus contrôler, vous contrôlez !

Quelle magnifique découverte !

---

2. Dans *Guérir*, de David Servan-Schreiber, à la page 114.

Il en va de même avec la maladie ; lorsqu'on accepte la vulnérabilité et qu'on prend soin du corps, il peut plus facilement guérir.

Moi qui pensais jadis que les gens contrôlants étaient des gens puissants, forts !

Je sais maintenant que ce sont des gens qui ont tout simplement peur. Tous leurs désirs de contrôle (cerveau gauche) sont liés à leurs peurs (cerveau droit).

Si j'ai peur d'une situation, je voudrai prendre le contrôle afin d'avoir moins peur.

Si j'ai peur d'aller dans une grande ville avec ma voiture, je choisirai la route ou l'horaire qui me facilitera possiblement la tâche. Si je n'ai pas peur, je roule tout simplement.

Je n'ai pas à chercher des solutions, je n'ai pas de problèmes !

En fin de compte, si je n'ai pas peur, l'idée même de rechercher le contrôle ne se présente pas, car je l'ai déjà ce contrôle !

Soyons honnêtes, de toute manière, nous sommes des êtres vulnérables et émotifs.

Être le contraire, soit des machines et des psychopathes, n'est pas enviable !

Si vous me dites que vous êtes un être exclusivement logique, vous pouvez donc admettre «logiquement» que vous avez deux hémisphères de cerveau, c'est-à-dire qu'une partie émotive de vous-même existe. Vous pouvez vérifier cette information à différents endroits. C'est une notion de base en anatomie.

Si vous considérez cette partie comme étant faible et sans importance, je vous demanderai : «Connaissez-vous cette partie de vous-même que vous jugez si durement ?» La réponse risque d'être non. Alors, pourquoi juger si sévèrement ce que vous ne connaissez pas ?

J'aime bien cette citation de Louis Pauwels : « Je dois bien admettre que nous ne sommes presque jamais réellement conscients de nous-mêmes. Et que nous n'avons presque jamais conscience de la difficulté d'être conscients. »

Souvent, les gens me disent : « Mes parents refusaient que les enfants soient émotifs ! »

Je demande alors : « Et comment réagissaient-ils lorsque vous l'étiez ? »

Ils répondent : « Ils se mettaient fortement en colère ! »

Je leur fais donc voir : « Ils vous demandaient de ne pas être émotifs et se comportaient comme des êtres émotifs lorsque vous faisiez ce qu'ils ne voulaient pas. Ils devenaient donc émotifs afin de vous démontrer que les émotions ne devaient pas s'exprimer ! »

Est-ce logique ?

Certaines études affirment que le peuple français est le peuple qui prend présentement le plus d'antidépresseurs dans le monde. En France, la logique est considérée comme une véritable qualité.

J'ai déjà entendu, de la part d'un Français : « Les Québécois n'ont pas d'opinions, ils n'ont que des émotions. »

J'ai déjà entendu aussi : « Les Français ont des opinions, mais ils ont peur de leurs émotions. »

Peut-être ces émotions sont-elles présentement engourdies par les médicaments ? Ce qui revient à dire que, logiquement, elles sont tout de même très présentes.

Comment vous sentiriez-vous si on retranchait la moitié de ce que vous êtes, sous prétexte que ce n'est pas une bonne partie. Imaginez couper votre corps et votre cœur en deux. Où pourriez-vous trouver le confort et l'équilibre ?

Si la vulnérabilité est considérée comme une mauvaise chose et qu'on a peur du jugement, logiquement, l'individu (peu importe la race) peut avoir envie de cacher sa vulnérabilité.

Imaginons que vous ayez peur, que vous souhaitiez contrôler cette peur et qu'elle gagne… elle deviendra « anxiété ». Essayez de la contrôler… et elle deviendra peut-être « crise de panique ».

Et, un jour, vous baisserez les bras en disant : « Je n'arrive pas à contrôler ! »

Si, au lieu de prendre une énergie folle à combattre la vulnérabilité, on lui permet de s'exprimer et de se soulager en éliminant les sources du conflit, la guérison devient alors possible.

Le corps peut ainsi s'apaiser et récupérer de l'énergie.

N'est-ce pas plus logique?

Selon mon expérience, il est faux de croire que disséquer et analyser une blessure en permet la guérison. Ces deux actions sont issues du cerveau gauche. Le malaise est issu de l'émotion (cerveau droit), celui qui gagne dans cent pour cent des cas.

Il m'arrive parfois de traiter des psychologues, des psychothérapeutes… Un jour, une de ces personnes m'a affirmé en consultation qu'elle avait appris, lors de ses études, qu'il valait mieux ne pas être soulagé de nos malaises psychologiques. Que cela pouvait être dangereux de les traiter, qu'il valait mieux juste écouter la difficulté. J'espère que ce qu'elle a compris n'est pas ce qui est enseigné.

Imaginons la scène suivante: vous êtes ambulancier, on vous paie pour ce travail. Vous arrivez au bon moment sur le lieu d'une tragédie et vous dites à la personne blessée: «J'ai appris qu'il valait mieux ne pas vous mettre sur la civière et vous transporter vers le mieux-être, car ça pourrait vraiment vous nuire et j'ai peur de vous faire mal en procédant à l'intervention. Toutefois, nous pouvons parler de vos difficultés tant que vous le voudrez et analyser cette douleur…»

Une autre fois, j'ai rencontré une femme qui possédait un nombre important de diplômes en psychologie. On pouvait lire sur sa carte professionnelle toutes sortes de petites lettres qui prouvaient ses études. Lorsque j'ai expliqué ce que je faisais comme travail, elle m'a carrément engueulée, me disant que je n'avais pas le droit de dire que j'arrivais à soulager les gens. Je lui ai demandé pourquoi je n'aurais pas le droit de le dire, étant donné que c'est ce que je fais quotidiennement depuis des années.

Elle m'a répondu: «Mais parce que vous leur donnez de faux espoirs!»

Mais, sans espoir, on baisse les bras devant les situations difficiles.

Je lui ai alors demandé ce qu'elle faisait, elle, dans son travail. Elle m'a dit : « Je les écoute. »

Selon ma propre expérience, si on ne fait qu'écouter les gens, ils tournent en rond à l'intérieur d'eux-mêmes. Généralement, ils consultent parce qu'ils sont au bout de quelque chose et veulent en sortir, mais ils ne savent pas comment.

En les écoutant attentivement, on peut vite débusquer les fausses vérités.

Et remettre l'énoncé dans une nouvelle perspective peut parfois faire de petits miracles.

Une fois, une de mes étudiantes m'a confié qu'elle était malheureuse dans sa vie de couple. Elle et son conjoint avaient une mauvaise communication. Sa façon d'agir la blessait ; elle m'a donné quelques exemples. Je lui ai demandé ce qu'elle faisait pour modifier la situation, elle m'a répondu que lorsqu'elle était blessée, « elle travaillait sur elle-même » afin que ça ne la blesse plus.

Si vous étiez un oiseau recevant continuellement des coups de bec des autres oiseaux de votre entourage, serait-il plus logique de tenter de faire cesser les assauts plutôt que d'essayer de maîtriser votre douleur ?

Son regard s'est ouvert, en même temps qu'une porte au fond d'elle-même.

Elle a pris conscience de quelque chose d'important pour elle et, peut-être, de se « déshypnotiser » de certaines programmations. Toute son énergie a alors changé, on a pu l'observer se détendre instantanément.

Si je n'avais fait que l'écouter, elle tournerait encore en rond dans ses **fausses vérités.**

Chapitre 7

« La cause majeure de la plupart des difficultés d'ordre
psychologique vient de la peur de se connaître : de connaître
ses émotions, ses impulsions, ses souvenirs, ses possibilités –
de connaître son destin. »
Abraham Maslow

Fausses vérités

Isabelle est toujours entrée en relation de couple en ayant peur de perdre le conjoint, la relation. Elle a donc enduré des choses qu'elle n'aurait pas dû accepter durant longtemps, et dans plusieurs relations.

Après une démarche de plusieurs années, elle entre cette fois dans une relation sans avoir peur de perdre le conjoint. Elle a beaucoup cheminé et souhaite faire les choses en se respectant davantage.

Toutefois, lors de notre entretien, elle est tendue, la cause de son malaise étant celle-ci : « J'ai peur d'entrer en relation de couple d'une manière différente. Que va-t-il m'arriver si je n'ai plus peur de ne pas avoir peur de perdre l'autre ? » Elle a donc peur de ne plus avoir peur !

Lorsque je le lui fais réaliser, une émotion de tristesse s'évacue d'elle. Ensuite, elle se met à rire de cette fausse vérité.

Combien de fois ai-je entendu : « Mes peurs me sécurisent ! Si je suis hypervigilant, il ne peut rien m'arriver ! » Soyons logiques, c'est entièrement faux. Lorsque le système nerveux est moins sollicité par la peur, toute l'énergie du corps en profite joyeusement !

Un jeune homme de vingt-cinq ans est malheureux, s'étant refermé entièrement sur lui-même durant de longues années. Il a toujours peur du jugement des autres. Il essaie de tout prévoir ce qu'on pourrait penser de lui et tente d'agir de façon à ne jamais obtenir aucune critique des autres. Il vit un enfer, constamment en train d'analyser les scénarios possibles des autres personnes.

Il m'annonce sa fausse vérité ainsi : « Si je suis suffisamment un juge sévère envers moi-même, je me protège des jugements impitoyables des autres envers moi ! » Il se faisait un mal énorme, pensant que cela le protégerait du mal possible de l'autre.

Un jeune homme gay m'a dit : « Je ne suis plus capable de faire confiance à mon conjoint, et malgré tout, je fais le maximum pour que ma relation de couple ne se termine pas. La pire chose au monde pour moi serait d'être seul. Je préfère vraiment vivre la douleur d'être continuellement insatisfait. »

Un jeune homme de vingt-cinq ans, anxieux et timide, me confie que ses peurs le protègent. Il s'enferme à l'intérieur de lui-même et de sa chambre depuis environ treize ans. Il envisage de devenir moine, il serait ainsi encadré, et il ne serait pas obligé de vivre sa sexualité.

Une des dernières fausses vérités que j'ai entendues : une personne se présente pour un soin et je lui demande comment elle va. Elle a la mine défaite, me fait un sourire affreusement triste et me répond : « Je vais très bien, mon mari est dépressif, ma fille veut se suicider, mais je vais très bien ! »

Est-ce une fausse vérité ou une vraie fausseté ?

Une jeune femme souffrante m'affirmait avoir complètement échoué en mettant un terme à sa relation de couple. Je lui ai demandé pourquoi elle y avait mis un terme. Elle a exprimé longuement toutes les raisons de sa vie difficile avec son conjoint. Malgré tout ce qu'elle avait tenté de modifier, peine perdue, rien ne changeait, elle était de plus en plus malheureuse. Alors, si mettre un terme à une situation difficile est un échec, selon cette logique, faire durer malgré tout une relation désastreuse est un succès ? Elle était estomaquée, venant de prendre conscience de sa fausse vérité, alors que je lui proposais de voir la situation à partir d'un nouveau point de vue.

Elle m'a souri, elle s'est détendue, ses symptômes de côlon irritable se sont calmés. Une fois qu'on sait, on ne peut plus faire semblant qu'on ne sait pas ! Les symptômes sont revenus quelques fois, elle se refaisait elle-même son recadrage, et les symptômes la quittaient de nouveau.

« Je m'organise toujours pour aider les autres, pour que tout le monde ait besoin de moi. Je me mets de la pression, je me consacre corps et âme à mon travail. Il représente ma sécurité. »

« J'ai toujours l'impression que je ne donne pas assez, je ne suis jamais contente de moi. J'essaie continuellement d'être parfaite, même si je n'ai plus jamais de plaisir. »

« Je reste avec mon conjoint jamais satisfait parce qu'il représente pour moi la sécurité. Lorsque j'étais petite, mon père me disait : « Si tu ne fais pas ce que je veux, je vais t'envoyer dans un camp de concentration. Alors, j'ai appris à m'appliquer à toujours faire tout ce que je peux. »

« Il faut maintenant que je "travaille fort" à lâcher prise. C'est urgent que je le fasse, car je n'ai aucune idée de tout ce que je dois faire pour lâcher prise. »

Laissez-moi vous expliquer ma théorie sur les **fausses vérités**.

Les émotions désagréables que nous vivons sont directement rattachées à de fausses vérités.

Imaginons un réfrigérateur tout neuf : le moteur ronronne, il est tout propre, le gaz circule permettant le refroidissement des aliments. Tout petit, on prend plein de choses sans distinction et on remplit notre frigo intérieur.

Lorsque le temps passe, si certains aliments sont périmés, il y a malaise quand on ouvre la porte, l'inconfort se ressent véritablement.

C'est à ce moment qu'il est temps de faire un peu de ménage et de se défaire de ce qui est devenu désuet. Remuer ce qui sent mauvais sans s'en départir n'est pas plus confortable. Se fâcher contre l'odeur ne sert à rien. Nier l'odeur et l'inconfort ne peut éventuellement que nuire. Penser positivement et refermer la porte, ou encore mettre un cadenas afin que plus personne ne l'ouvre ne règlerait pas non plus les problèmes.

Si vous avez des aliments qui ne sont plus frais dans votre frigo, cela ne remet pas en question la qualité de l'appareil qui fait ce qu'il peut pour garder le tout bien au frais. Il est positif de savoir par l'odorat ce qu'on doit garder ou jeter. Il en va de même avec nos émotions désagréables à vivre, elles sont positives car elles nous font savoir ce qui est à nettoyer.

Ce n'est pas forcément facile, mais lorsque quelque chose est périmé, il nous faut prendre notre courage et tenter de le faire sortir de notre frigo intérieur.

Une fois la chose faite, on peut nettoyer le tout et retrouver le confort à l'intérieur.

Les émotions sont parfois désagréables à vivre, mais elles sont loin d'être négatives. Ces émotions sont des panneaux lumineux nous indiquant clairement quelle est la chose à déloger ! Le malaise indique la programmation erronée, la blessure, la fausse vérité.

Par leurs expressions, ces émotions, ces souffrances nous pointent la source du malaise. Ce qu'il nous faut tout simplement jeter.

Il n'est pas nécessaire de tout jeter ! Certaines choses sont encore bonnes.

Il n'est pas nécessaire non plus de critiquer ceux qui ont placé des aliments dans le réfrigérateur. Ils voulaient qu'on puisse se nourrir.

Je définis les malaises comme des échardes entrées dans notre énergie, souvent lorsque nous étions très petits. Nous avons l'habitude de vivre avec l'inconfort qu'elles provoquent. Nous sommes parfois parfaitement inconscients de leur existence. En prendre conscience et les retirer nécessite du courage. Mais la guérison n'est possible que par la suppression de ces intrus dans notre énergie. Lorsque le malaise apparaît, c'est qu'il est temps de guérir.

Imaginons que vous ayez un ami et qu'il veut vous avertir que vous risquez un danger en traversant la rue. S'il vous voit avancer de manière inconsciente, il vous dira : « Attention à la voiture ! » Si vous n'entendez pas, il vous le redira plus fortement. Si vous faites toujours la sourde oreille, il vous prendra par le bras et vous renverra vite fait sur le trottoir, et tout ça dans le seul désir de vous maintenir en vie.

Vos symptômes et malaises sont vos amis, et ils veulent vous maintenir en vie. Alors, ils s'exprimeront avec des émotions désagréables afin de vous aider avec les outils dont ils disposent.

Chapitre 8

Les émotions désagréables à vivre

Parlons un peu des émotions.

Il y a trois émotions de base désagréables à vivre : la peur, la colère, la tristesse.

Lorsque j'ai fait ma formation d'hypnologue, mon enseignante m'a appris que chaque fois qu'une émotion entre en combat avec la raison, c'est l'émotion qui gagne… dans cent pour cent des cas !

Bravo ! Quelle révélation, c'est l'émotion qui gagne à tout coup !

Est-ce bien vrai ?

Depuis que je fais des consultations en santé des émotions, j'entends souvent la même chose : « J'ai consulté pendant une longue période de temps, on a trouvé la source du malaise, on l'a analysée, j'ai des trucs pour tenter d'aller mieux, mais ça ne fonctionne pas ! »

Il vaut mieux dire que les gens pour qui cela semble fonctionner n'ont aucune raison de venir me consulter. Si les autres formes de thérapies les ont aidées, ces personnes sont donc soulagées.

Vous vous souvenez des petits bonshommes animés qui se placent sur les deux épaules? D'un côté, il y a un ange qui nous encourage, de l'autre, un diable qui nous affirme que nous n'y arriverons pas. Quel duel, quel combat!

Nous nous épuisons à lutter intérieurement, et ce, continuellement.

Faire de la méditation, entre autres, nous permet de mettre fin à ces dialogues épuisants. Il est bon de prendre souvent des douches, mais nous ne savons pas comment aérer notre intérieur qui en a besoin lui aussi.

Le docteur David Servan-Schreiber a dit, lors d'une entrevue radiophonique, que lorsqu'on observe le cerveau en méditation, toutes les zones sont en parfaite cohérence.

D'un point de vue scientifique, je ne saurais analyser cette information. Par contre, l'expérience d'une bonne méditation m'amène à constater que je deviens moi aussi beaucoup plus cohérente dans ma propre vie et dans mon énergie.

Gandhi a dit: «Le ciel et la terre sont en nous».

J'ai déjà traité une femme qui m'a avoué avoir joué dans les machines à poker toute sa caisse de retraite. Environ 300 000 $. Elle m'a confié avoir essayé toutes les techniques disponibles depuis au moins dix ans, et ce, en restant toujours aux prises avec son problème.

Je pense que c'est parce que les techniques proposées invitent les gens à «contrôler» le problème (côté gauche et logique du cerveau) et que l'émotion qui crée le problème est amenée à gagner.

L'émotion gagne-t-elle toujours?

Par expérience, je pense que oui, si nous avons un contrôle apparent sur la situation. L'émotion désagréable fait des ravages dans l'énergie du corps parce qu'on refuse de la laisser s'exprimer.

Lorsque j'étais plus jeune, je pensais qu'être une personne contrôlante prouvait indéniablement ma force. C'était une de mes nombreuses fausses vérités achetées et bien inculquées par mon milieu familial. Maintenant, je sais qu'il n'en est rien.

Le désir de contrôle n'existe que si la peur existe !

En conséquence, nos insécurités nous coûtent très cher. Selon ce concept, elles gagneront et elles nous demanderont un effort immense de contrôle (côté gauche et logique du cerveau), un duel si épuisant à la longue.

Si nous nous demandions plutôt de quoi nous avons peur.

Qu'avons-nous peur de perdre en laissant la vie nous offrir et nous porter davantage ? Que veut se prouver notre petite fourmi intérieure en travaillant si fort ?

Et, je vous en prie, de tout mon cœur je vous le demande, cessez de dire aux gens dépressifs qu'ils sont paresseux !

Ils sont épuisés du trop de pressions intérieures qu'ils s'épuisent à vouloir contrôler ! Trop de fausses vérités accompagnées du désir de les contrôler !

Lorsque nous luttons contre nos émotions désagréables, nous refusons nos vulnérabilités. Pourtant, on craque si facilement à regarder un jeune enfant, et il est la vulnérabilité incarnée.

Nous pensons qu'il nous faut être forts pour être aimés.

Lorsque je demande à mon entourage quelle est la plus grande qualité de l'être humain, ce n'est jamais la force qui est énoncée, ni la puissance, ni la performance ou le perfectionnisme d'un individu. C'est toujours la franchise, l'honnêteté.

Qu'y a-t-il de plus blessant que d'apprendre, même plusieurs années plus tard, que quelqu'un nous a menti pour se montrer fort !

Pourtant, il y a tant d'épuisements professionnels et de dépressions ! Je pense que pour guérir, il vaut mieux être vrai. C'est-à-dire défaire une à une les fausses vérités. C'est un travail fabuleux qui amène son lot de récompenses.

Rappelez-vous ce que Gandhi a dit : « Je sais maintenant que la Vérité est Dieu », car la vérité nous amène vers quelque chose de divin…

La vérité vraie installe la paix en nous en dirigeant notre énergie vers le cœur. Les Chinois le nomment le cœur empereur. Je l'appelle le cœur énergétique.

Lorsque j'étais plus jeune, j'étais malheureuse, convaincue qu'il n'y avait pas de place pour moi dans ma famille. Un jour, j'ai réalisé qu'en « vérité », il n'y avait plus de place depuis très très longtemps (une maman dépressive, neuf enfants, des sévices de toutes sortes qui avaient créé différentes détresses). En vérité, je n'avais pas été exclue. Les membres de ma famille avaient déjà un fardeau plein de malaises à gérer. Ils n'ont peut-être juste pas été suffisamment conscients du besoin de l'autre, trop préoccupés à survivre eux-mêmes. Je n'étais pas la cause du problème. Moi ou quelqu'un d'autre aurait eu la même émotion. Cette nouvelle vérité m'a apaisée. Je la sais maintenant plus vraie que la première. C'est l'apaisement qui m'est livré avec la nouvelle vérité qui me le confirme.

Au fil des années, j'en ai démasqué des tonnes et des tonnes de fausses vérités.

Elles me sautent aux yeux (aux oreilles) lorsque j'entends les mêmes chez les autres !

Lorsque la fausse vérité est démasquée, je sens que mon corps et mon âme y sont sensibles.

L'histoire de la dame de cœur

Lors d'un souper-conférence, j'ai fait la connaissance d'une dame lumineuse que je trouvais fort jolie. Elle m'a dit avoir déjà fait de la relation d'aide de manière informelle. Comme je me suis montrée curieuse, elle m'a raconté son histoire. C'était une dame qui avait épousé un homme d'affaires. Elle m'a confié que son mari était excessivement inquiet de nature. Il avait bâti quatre entreprises qui avaient toutes bien fonctionné. Épuisé, il était décédé des suites d'un problème cardiaque. Elle était maintenant veuve. Durant le mariage, elle n'avait pas eu à travailler. Elle aimait avoir de l'argent, et elle en profitait pour faire les boutiques, les spas, les salons de beauté. Elle ressentait un conflit intérieur intense lorsqu'elle était en présence de sa famille. Issue d'un milieu modeste, elle venait les visiter sans jamais parler de ses voyages, de ses découvertes, de ses achats.

Elle croyait que cela nuirait à sa relation avec les gens qu'elle aimait. Elle cachait donc à plusieurs personnes ses opinions et sa véritable nature. Elle se mettait une pression intérieure énorme à tenter de garder cette image d'elle-même, croyant que si elle s'affichait telle qu'elle était, elle se ferait rejeter.

Puis, elle a fait une dépression sévère et elle a tenté de se suicider. Au tout dernier moment, elle a eu peur de la mort et a commencé sa quête de vérité.

Un jour qu'elle pleurait sur un canapé en Floride, quelqu'un à la télévision est venu affirmer que « la peur de vivre et la peur de mourir, c'est la même chose, car ceux qui n'ont pas peur n'ont peur ni de l'un ni de l'autre ».

Elle a continué : « J'ai été fort étonnée, car en Floride, tout ce que j'entendais à la télévision était toujours en anglais et voilà que ce personnage venait me parler en français, me donnant la réponse que je réclamais intérieurement depuis déjà un long moment.

« Je me suis questionnée, me demandant comment je pourrais cesser d'avoir cette peur unique de vivre et de mourir. La seule réponse que j'ai découverte est que je devais me donner la chance d'être vraie. Si je suis vraie envers moi-même et les autres, j'affirme que j'ai le droit de vivre telle que je suis.

« Cela n'a pas été facile de briser l'image que j'avais projetée si long-temps de la fille fine (fausse mais agréable pour les autres). Si ma sœur me posait une question, je tentais de lui répondre sincèrement ce que je pensais. Ma sœur n'était pas habituée à ça ! Il arrivait qu'elle me raccroche la ligne au nez. Alors, je lui téléphonais de nouveau afin de lui dire que je n'avais pas fini de lui dire ma vérité. Que je l'appellerais tant et aussi longtemps que j'aurais des choses vraies à lui dire !

« Un jour, à mon grand étonnement, l'énergie du cœur s'est ouverte. Je l'ai ressentie comme un immense soulagement. Je n'avais plus peur de vivre telle que je suis. De dire ce que je pensais. Je me suis rendu compte que l'argent, ou ma condition matérielle, n'avait rien à voir avec l'amour de soi et des autres.

«Je n'ai plus peur de vivre, je me sens vivante. Lorsque j'ai commencé à aller mieux, des amies, des voisines sont venues me demander comment j'avais réussi à redevenir heureuse… Je suis devenue une thérapeute de cette manière informelle.»

Peu de gens arrivent à comprendre ce qu'elle m'explique. C'est ce qu'elle m'affirme. Moi, je la comprends très bien, car je suis dans ma quête de vérité. Même si c'est difficile, la vérité est bénéfique pour le corps et pour l'âme.

Lorsque le duel cesse à l'intérieur de nous, c'est que l'énergie se déplace de la tête vers le cœur.

La paix s'installe, fini le combat, on peut dormir tranquille et récupérer, se régénérer. La notion de contrôle a disparu! Elle ne fait plus partie de la réalité.

C'est aussi Gandhi qui a dit: «Il y a une grande différence entre ce qui est habituel et ce qui est naturel.»

Habituel, c'est le duel, le conflit. Naturel, c'est l'énergie du cœur.

Habituel, c'est aussi avoir peur de perdre son travail, le conserver même si le cœur n'y est plus et courir le risque de sortir ses REER en même temps qu'un cancer.

On est loin du processus naturel de la vie qui souhaite remplir les vides d'abondance!

Faites-en l'expérience: ne touchez à rien dans un coin de votre jardin, et d'ici quelque temps, toutes les formes de vie l'auront envahi! L'énergie n'aime pas le vide, elle est le mouvement.

Si vous vous occupez à cultiver ce qui vous rend bien, votre énergie ira en ce sens de manière toute naturelle.

Vous avez peut-être appris qu'il est normal de forcer sans cesse. Il est possible que, pour vous, ce soit une façon de vivre habituelle. Mais quelque chose d'habituel n'est pas forcément une chose naturelle.

Toutes les émotions désagréables ramènent l'énergie à notre tête. Par le malaise, celles-ci nous indiquent de défaire certaines programmations, des fausses vérités, afin de retrouver la joie de vivre.

Lorsque j'ai commencé à travailler comme hypnologue, je pensais aider les gens ayant des difficultés d'ordre émotif seulement. Il m'a été possible de voir tellement de situations où le corps se débarrassait presque miraculeusement de symptômes à la suite de fausses vérités qui se dissipaient.

Au début, j'en étais abasourdie ! Je n'avais jamais cru que mes interventions aideraient à résoudre des problèmes physiques ! Souvent, je ne connaissais même pas le symptôme de ma cliente. Elle vivait avec sa difficulté depuis si longtemps qu'elle avait oublié de m'en parler.

Curieuse et enthousiaste, j'ai lu des livres de médecins comme le docteur Deepak Chopra et le docteur Devrœde à Sherbrooke. Ils semblaient parfois vivre les mêmes phénomènes que moi.

Voici aujourd'hui ce que j'ai compris : nous vivons tous ces phénomènes « psycho-neuro-immunitaires ». C'est dans cet ordre que l'énergie circule dans le corps. Vous avez déjà entendu dire que nos maladies sont « psychosomatiques » ?

Cela ne veut pas dire que les maladies n'existent pas, ou que nous les souhaitons consciemment. C'est que l'origine étant psychologique, on devrait, par notre psyché, pouvoir les contrôler.

Non, ce sont les émotions désagréables qu'on vit qui enclenchent notre système nerveux. Ensuite, à la longue, le système immunitaire en subit les désastreux effets « psycho-neuro-immunitaires ».

Si on ressent de la peur, le système nerveux sera alerté et une série d'actions se mettra en place afin de nous aider à survivre : le cœur battra plus vite, le souffle deviendra court, on sécrétera de l'adrénaline, du cortisol…

Ce sont des mécanismes de survie nécessaires à l'être humain et à plusieurs animaux. Toutefois, si le mécanisme est continuellement en alerte, il finit par se fatiguer, s'épuiser. Il nous envoie des signaux nous informant de réduire la demande énergétique, ce qui se traduit par des malaises et de la maladie.

Si nous ne l'écoutons pas, les malaises deviendront plus importants.

Il y a quatre sortes de signaux que le corps envoie pour dire qu'il se dérègle : l'insomnie, les difficultés digestives, les difficultés respiratoires, les difficultés sexuelles (manque de libido, déviances ou obsessions).

Si le premier signal ne s'entend pas, vous en aurez un autre et un autre.

Jusqu'à ce que vous décidiez d'entendre… ou de terminer votre vie.

Si votre cerveau vous envoie ces signaux, c'est qu'il souhaite que vous preniez soin de vous pour guérir. Sa tâche principale est de vous maintenir en vie et sa façon d'exprimer ses conflits passe par les malaises.

Si nous ne ressentions jamais de douleur, ce serait bien pire !

Imaginez que vous ne sentiez pas que votre main brûle sur la cuisinière, ou que votre jambe est cassée, vous ne pourriez pas réagir correctement. La douleur et l'état d'alerte vous font enlever la main presque immédiatement.

Délier les émotions désagréables permet au système nerveux de se calmer. Le système immunitaire récupère des billes bien brillantes d'énergie. C'est logique !

À force de recevoir des clients, j'ai trouvé des corrélations entre les maladies et les individus qui en souffrent. Les gens qui souffrent de problèmes d'estomac ont généralement les mêmes mécanismes de pensée. Les gens qui ont tel type de cancer se ressemblent aussi dans les idées fausses qu'ils véhiculent.[3]

Je me suis intéressée à la biologie totale, à l'ennéagramme, à la médecine chinoise…

Certaines thérapeutiques disent la même chose avec des terminologies différentes. J'aime particulièrement l'acupuncture et l'ostéopathie qui traitent l'individu de manière globale. J'aime moins ce qui segmente le corps en morceaux. Le foie ici, le cerveau là-bas, l'intestin plus loin…

---

3. Voir *Le grand dictionnaire des malaises et des maladies* de Jacques Martel, qui est un bon livre de référence.

Personne n'accepte l'idée de la maladie avec le sourire !

Il est donc indéniable que l'émotion et la maladie font équipe.

Les deux sont étroitement reliées.

Si je m'efforce de penser positivement alors que je vais mal, je ne suis pas vraie. Je mets une pression additionnelle de volonté sur quelque chose d'affaibli. Je m'éloigne donc du divin et du cœur empereur, celui qui guérit.

Cela prend du courage pour regarder la vérité en face. Ce n'est pas toujours facile !

Les mots *cœur* et *courage* partagent la même source étymologique.

Généralement, nous préférons souffrir et mourir plutôt que d'avoir ce courage de vérité.

De quelle vérité s'agit-il ?

La vérité n'est jamais figée. Elle change en fonction des perceptions et de l'évolution de l'être.

Détenir toute la vérité, ce n'est pas intéressant. Selon moi, la vie est beaucoup plus agréable lorsqu'on cherche à la découvrir encore et encore sous différentes facettes.

Quelle est la vérité de l'autre si différente de la mienne ?

Je vous propose la mienne.

Vous la faites vôtre seulement si elle vous convient.

Je ne cherche pas à vous convaincre. Je n'y vois aucun intérêt.

Je vous propose ma vérité, car j'aime communiquer.

Si cette vérité vous apaise, c'est qu'elle est valable pour vous.

Un jour, après une consultation, un jeune homme m'a dit : « Si je te comprends bien, je devrais penser de telle ou telle manière. » Je lui ai répondu : « Je ne te dis pas comment penser, mais je te propose d'autres façons de penser ! » Il a rétorqué : « Alors, je devrais penser selon ces nouvelles façons ? » Je lui ai demandé : « Tu te sens comment en acceptant ces nouvelles vérités ? » « Je me sens bien. » J'ai ajouté : « Alors, si tu te sens bien, je te conseille d'y accorder de l'importance. Si tu ne te fais pas confiance, tu ne fais pas confiance à ce que tu ressens. Tu ne peux pas savoir ce qui est vrai pour toi. Si, moi, je te suggère de moins travailler, de mieux prendre soin de toi, et que tu choisis mes suggestions, sans faire référence à toi, ton prochain employeur pourra te dire, lui, de travailler plus fort, plus longtemps et tu l'écouteras. Tu iras selon ce qu'on te dit de faire… Si tu fais ça, tu rencontreras différentes personnes qui choisiront pour toi ton chemin, en fonction de leurs intérêts à eux, pas forcément dans ton intérêt à toi. »

Ce que je dis, ce que j'écris, ce que je propose, vous restez des êtres libres de le faire vôtre ou non. On est responsable ou on ne l'est pas !

Nous avons le droit d'être heureux ! Il faut le choisir, car rappelez-vous que nous habitons sur la planète du libre arbitre. Si nous ne faisons pas le choix du bonheur, il ne se fait pas.

Ce que j'ai appris, c'est que la vérité apaise la tête et dirige l'énergie vers le cœur.

La vérité amène la guérison. Les fausses vérités amènent les émotions désagréables, le malaise et, à la longue, la maladie.

Si nous ne ressentons aucune émotion, c'est que nous nous en sommes coupé.

Elles existent mais nous n'en voulons pas !

Et si nous sommes coupés des émotions désagréables à vivre, nous sommes coupés aussi des émotions agréables. Il en est ainsi dans l'énergie. Coupé, c'est coupé.

Si nous nous sentons parfois mal, c'est une bonne nouvelle, car nous ressentons des émotions.

Nous avons donc un accès à l'information de ce qui nous fait du bien et de ce qui est moins agréable à vivre.

Les émotions agréables, comme l'amour, la joie, l'enthousiasme, le rire, nous font sécréter de la sérotonine (comme nous permettent de le faire les antidépresseurs).

Si le cerveau peut sécréter des hormones antidépressives par les médicaments, il peut le faire aussi de manière naturelle.

Il faut en faire le plein le plus souvent possible afin d'appauvrir les compagnies pharmaceutiques. Nous avons, à l'intérieur de nous, nos propres laboratoires à sérotonine.

Une fois qu'on comprend et qu'on décide de se donner une chance, on peut pleinement en profiter. La vie est si belle lorsqu'on prend soin de soi.

J'ai fait des statistiques minutieuses lorsque je travaillais à l'hôpital.

Cent pour cent des gens qui savaient qu'ils allaient mourir sous peu disaient qu'ils avaient manqué de temps pour être heureux !

En contrepartie, zéro pour cent d'entre eux disaient qu'ils auraient dû travailler davantage !

Pas besoin d'être actuaire pour faire les calculs !

La vie est une chose précieuse et merveilleuse, et un jour, on ne sait quand, la cloche va sonner. Ce sera terminé, on va tous mourir. En attendant, on fait quoi ?

On souffre afin de pouvoir un jour aller au ciel ?

Vous y croyez encore ?

Et, en attendant, vous vous sentez coupable d'aller bien, de penser un peu à vous ?

Hum…

Un jour, une maman m'a dit : « Je suis l'âme de ma famille, le pilier principal ».

Chouette ! Il devient donc primordial de prendre soin de l'âme du pilier principal ! Ne serait-il pas temps alors de commencer à prendre soin de soi ? Sinon, c'est logique, la bâtisse va s'effondrer !

Pourquoi la vie ne devrait-elle être qu'une liste interminable, et souvent désagréable, de choses à faire ?

Afin d'aller au ciel un jour ?

Pourquoi ne pas nous connecter avec l'univers qui est en nous pour accéder au ciel aussi souvent que nous le souhaitons ?

Jésus n'a-t-il pas dit : « Aime ton prochain comme toi-même » ?

Alors, ça commencerait par nous ? Prendre soin de soi n'est-il pas la meilleure preuve d'amour que nous puissions nous faire ?

Il est très agréable de défaire ces fausses vérités qui bloquent notre énergie.

« Je travaille 70 heures par semaine pour plaire à mon père qui est décédé depuis vingt ans ! »

Votre défunt père sera-t-il plus heureux si vous faites 80 heures ?

« Je fais comme ma mère et je n'ai jamais pris ma place. »

Est-ce qu'elle est heureuse votre mère ?

Durant l'enfance, on copie, on colle des mécanismes de défense et de pensée. On va se chercher ainsi les symptômes de ceux qui nous les ont transmis sans en être conscients. Et n'oubliez pas que si, aujourd'hui, nous savons un peu plus comment fonctionnent l'énergie et le cerveau, peu de méthodes réellement efficaces sont à notre disposition pour résoudre nos conflits intérieurs. Nos parents ont démarré leur vie comme nous, avec des programmations erronées sur la vie et le bonheur. Ils ont fait ce qu'ils ont pu avec ce qu'ils avaient. Mais une fois devenus adultes, nous pouvons décider de faire de notre vie quelque chose de joyeux. Même si, parfois, il faut le faire envers et contre tous, parce que la détresse ne nous est plus acceptable.

J'aime profondément cette citation de Jean-Paul Sartre : « L'important n'est pas ce qu'on fait de nous, mais ce que nous faisons nous-mêmes de ce qu'on a fait de nous. »

La plupart d'entre nous mourront des conséquences de leurs convictions et de leurs fausses vérités. Si le calme intérieur est possible en les démasquant, si cet apaisement nous dirige vers des guérisons de toutes sortes, il est logique de penser que le fait de les conserver nous fait figer, nous use et nous fera mourir.

Nous pensons que ces fausses vérités représentent notre sécurité. Nous ne voulons pas compromettre notre sécurité et, souvent, nous en souffrons terriblement. Ce qui est en soi une fausse vérité. Notre sécurité n'est en rien menacée par l'évolution plus consciente de ce que nous sommes.

Tellement de fois j'ai entendu : « Je ne veux pas regarder en moi, j'ai trop peur de ce que je pourrais y trouver ! »

Vous allez y trouver de quoi guérir, tout simplement !

C'est l'expérience que des gens sincères font continuellement dans mon cabinet.

En vérité, on peut guérir !

On peut oublier entièrement toute charge émotive face à plusieurs situations.

Un jour, une de mes élèves m'a dit : « Si tu crois que ça peut aider, je te donne la permission de raconter tout ce que je t'ai dit depuis que je te connais, que ce soit en consultation privée, en formation, en confidence amicale… J'ai fait la paix avec mon histoire, elle ne m'appartient plus. Je n'ai plus les charges émotives auxquelles je m'accrochais avant. Et je me sens tellement mieux de penser que toutes les vérités, peu importe lesquelles, peuvent être énoncées. »

J'étais tellement heureuse de l'entendre. Combien de conflits intérieurs et extérieurs sont issus de vérités cachées ? Combien de ces mêmes conflits existent parce que trop de gens ont peur d'entendre la vérité de l'autre ?

Dans certaines familles, on ne veut pas entendre les vérités des autres. Les membres de la famille voient dans l'écoute de l'opinion de l'autre une menace terrible à quelque chose.

Alors, toute une panoplie de mécanismes de défense se met en branle. On devient sourd (même physiquement) ou bien on occupe tout l'espace avec un flot de paroles ininterrompu. On se parle à soi-même, car même s'il y a un auditoire, on n'en tient pas compte !

Laissez-moi vous raconter l'histoire du monsieur qui a divorcé après plusieurs années de mariage malheureux (quarante ans en fait). Il a décidé de divorcer parce que sa mère est décédée et qu'elle était contre le divorce.

Avant d'être un grand-papa, un père, un mari, un homme mature, il était le petit garçon de sa maman, la craignant trop pour la contrarier!

Je vous fais rire? Vous jugez cet individu? Parlez-moi quelques instants et je trouverai des choses aussi illogiques dans votre discours.

Et si jamais vous en voyez dans le mien, dites-le-moi.

Cela me permettra peut-être de donner un grand coup de balai dans une fausse vérité.

Une femme m'a dit avec fierté: «Tu sais, moi, je suis habituée d'encaisser!»

Pourquoi en être fière? Pourquoi encaisser?

Où est la logique dans cet énoncé?

Une autre, ayant souffert d'anorexie et de boulimie, m'a dit: «Je voudrais vaincre mon sentiment d'imperfection!»

Ça alors!

Elle se juge imparfaite et veut se vaincre elle-même sur son évaluation d'elle-même. Pas simple! Elle pense que si elle est dans le contrôle absolu de son poids, elle n'affichera pas son imperfection? Elle s'automutilera à ne pas se donner ce dont elle a besoin pour vivre. Incroyable, ce qu'elle a acheté comme idée!

Il n'est pas simple de défaire ces fausses vérités, car, parfois, plusieurs d'entre elles sont attachées ensemble en grappe. Par contre, lorsqu'une des fausses vérités est partie, c'est fini, elle ne reviendra plus. C'est comme le père Noël: une fois démasqué, c'est fini, on ne peut plus être dupé!

Une autre raison qui fait que les fausses vérités ne sont pas simples à démasquer, c'est qu'elles sont collées à notre histoire.

Imaginez que vous êtes un Asiatique vivant en Chine. Vous n'avez rencontré dans le passé que des Asiatiques, même à la télévision, dans les médias, partout, partout, que des Asiatiques. Tout ce temps, cela a été votre réalité, l'être humain égale Asiatique !

Si, un jour, on vous présente un individu de race noire, cheveux crépus…, vous aurez un choc ! Vous devrez repenser votre schème de référence. Si, une seule fois, vous voyez un individu de race noire, plus jamais vous ne pourrez penser que la race humaine est uniquement asiatique, car vous saurez que c'est une fausse vérité.

Cet individu, de race différente de la vôtre, vous dira qui vous êtes en lien avec lui. Si vous y êtes ouvert, votre distance culturelle vous amènera à des visions différentes. Si vous n'avez pas peur…

Nous ne connaissons pas nos fausses vérités et, généralement, nous ne voulons pas les connaître. Nous pensons que nos schèmes de référence sont notre sécurité.

Nous n'écoutons pas ! Écoutez ce que disent les gens.

Une dame, souffrant d'un torticolis chronique, m'a affirmé qu'elle pourra tenir le coup (cou) !

Une autre m'a déclaré ne pas être en mesure de grossir et se trouvait trop maigre. Quelques phrases plus loin, elle me dit qu'elle portait le monde sur ses épaules et « ne voulait pas porter davantage de poids ! »

J'espère que je ne vous fais pas rire, car il est triste de voir tout ce que nous nous faisons subir année après année. Et on le décèle si facilement chez l'autre…

Chapitre 9

Agréable, désagréable

Faisons maintenant une distinction entre émotions agréables et désagréables.

Les émotions agréables, si on souhaite être en santé, il faut les collectionner. Faire l'amour, manger convenablement, bien respirer, dormir, bouger, tout cela permet la sécrétion de notre sérotonine (un antidépresseur sans effets secondaires sécrété naturellement par le cerveau).

Ces émotions sont liées à la paix d'esprit intérieure et non à la satisfaction reliée au faire et à l'avoir ainsi qu'à l'excitation.

Par exemple, la méditation apporte la paix, et non l'énergie d'excitation.

Quant aux émotions désagréables, elles se divisent en trois grandes catégories : la colère, la tristesse, la peur.

La colère, c'est une bombe ; si elle n'explose pas, il est possible qu'elle implose, créant beaucoup de dégâts.

L'anorexie, par exemple, est le résultat d'une colère qui se retourne contre soi.

Derrière une émotion de colère, il y a souvent un sentiment de tristesse. Nous ressentons de l'injustice, l'impression d'avoir été floués, trahis. Nous nous disons qu'il nous est arrivé quelque chose que nous ne méritions pas. Nos vérités du moment nous font voir une situation et, dans notre vision, nous prenons le rôle de la victime.

Depuis des décennies que je fais des consultations, je ne rencontre jamais jamais de bourreaux. Que des victimes!

La colère nous fait sécréter de l'adrénaline, elle nous contracte.

Par exemple, si nous choisissons de réagir au parent qui voulait nous humilier, nous allons peut-être travailler très très fort toute notre vie pour démontrer au parent (parfois décédé) que nous sommes des êtres valables.

En conférence, Ted Turner a déjà levé les yeux au ciel pour dire à son père : « Tu vois, papa, je suis maintenant sur la couverture des magazines dans lesquels se trouvent les gens que tu disais importants! » Malgré sa situation et son âge mature, il disait encore à son père : « Tu vois, papa, comme je suis un bon garçon! »

Il y a peu de places où nous nous donnons le droit d'exprimer notre colère.

Certains sports peuvent être propices, mais le sport ne règle pas tout. Il permet au corps de vider un peu de tension, de manière temporaire, et c'est déjà bien. Mais c'est aussi une façon de fuir certaines réalités qu'on ne souhaite pas voir pour le moment.

Il faut toutefois faire plus, se retrouver avec soi pour savoir ce qui coince, l'expliquer, en discuter, mais surtout arriver à voir les choses sous un nouvel angle permettant d'amener plus d'apaisement.

Écrire des lettres (que nous ne sommes pas forcément obligés d'envoyer) peut nous aider à libérer un peu de colère. Faire de l'art, chanter, dessiner, aussi.

Taper dans des coussins, crier dans la forêt peut faire du bien.

La colère est souvent l'expression d'un sentiment d'impuissance lié à nos attentes face à l'autre. Nous ne pouvons pas modifier l'autre, ne l'oubliez pas.

Même si, dans le passé, nous avons vraiment été des victimes de quelque chose, le passé n'est plus.

La douleur peut rester présente si on la nourrit continuellement d'énergie et d'attention.

Si la quête de vérité est sincère, la vie viendra nous donner la réponse apaisante dont nous avons besoin.

Par exemple, à l'adolescence, ma sœur m'a énormément déçue, car elle a lu mon journal intime et j'y ai repensé avec tristesse pendant des années. Un jour, j'ai appris qu'elle avait été victime de sévices et qu'elle voulait savoir si je vivais les mêmes difficultés ! Cette vérité plus grande de la situation m'a apaisée instantanément. Cette vérité m'a permis de ressentir de la compassion pour elle. Même en essayant très fort, je n'arriverais plus à me sentir comme une victime !

Son acte de haute trahison est passé aux mécanismes de défense normaux vu les circonstances.

Elle m'a dit qu'il lui était trop douloureux d'aborder certains sujets. Elle préfère mettre le tout sous clé dans un coffre-fort intérieur.

À peine plus âgée que moi, elle souffre d'une bonne quantité de malaises auxquels elle s'est habituée, je crois. Elle pense que c'est la meilleure solution pour vivre sa vie. Elle me conseille d'en faire autant.

Elle est sur sa planète du libre arbitre. Je laisse faire. Je ne m'exprime même pas.

Mais je revendique haut et fort mon droit à ma planète à moi. Ma première « planète » c'est mon corps. C'est l'endroit où mon âme habite pour le moment. Si je ne conserve pas cet habitacle confortable, mon âme se plaint. Durant de nombreuses années, le côté droit de mon cerveau m'envoyait le même message : « J'ai mal à l'âme ! » Je savais que j'avais mal.

Je ne savais que faire.

Maintenant, je sais ce qui me fait du bien.

Les attentes face à l'autre, au futur, aux diverses conditions de vie, amènent presque toujours de la peine ou de la colère.

Les attentes ne peuvent pas être devinées par l'autre.

Il est utopique de penser que l'autre peut nous deviner. L'autre est d'une certaine culture avec ses propres schèmes de référence ; nous sommes d'une autre culture, avec des repères différents.

Par contre, lorsque nous choisissons d'être vrais et de nous ouvrir à la vérité et à la vulnérabilité, il se produit quelque chose de fabuleux. La plupart du temps, l'autre peut nous recevoir avec compassion, se reconnaissant dans nos difficultés, nos détresses. Juste le fait de savoir que tout le monde a peur est rassurant. Comprendre que nos peurs, nos colères, nos tristesses, ne font pas de nous des êtres diminués mais bien des êtres sensibles a quelque chose de bon.

Si vous apprenez à devenir la seule personne responsable de votre bonheur, vous vivrez moins de déceptions et de colère.

Si vous exprimez tout simplement ce qui ne va pas, je vous assure que cela fait toute la différence.

Si vous vous donnez tous les droits de faire aussi des erreurs, vous vivrez moins de colère.

Aimez-vous moins vos enfants lorsqu'ils font des erreurs ?

Qu'est-ce qu'une erreur en fait ? Est-ce que vous vous levez le matin en vous disant : je vais faire telle erreur aujourd'hui ?

Non, en général, les gens font de leur mieux… À moins qu'ils ne soient trop malheureux et ne souhaitent pas vivre seuls dans leur malheur.

Généralement, les gens font de leur mieux, ils avancent avec leurs propres programmations, qui ne sont pas les vôtres forcément, ils ont leurs propres schèmes de référence, avec leurs propres rythmes d'évolution. De plus, ils habitent sur la planète du libre arbitre, ils peuvent donc dormir toute leur vie si c'est ce qu'ils souhaitent.

Imaginez un seul instant que chacun choisisse de devenir responsable de lui-même ! Si je décide que je suis la seule personne responsable de mon bonheur, je ne suis plus une victime car je deviens l'acteur principal de ma vie.

Il s'élimine ainsi une grande quantité de colère qui se rattache au fait d'être une victime.

Les gens les plus lourds de votre environnement ne sont-ils pas les victimes ? Les personnes qui vous demandent d'être responsable d'eux à leur place. Habituellement, ces gens non responsables ne sont pas plus heureux, car en ne choisissant pas, ils ne se réalisent pas, ils ne se découvrent pas.

Si chacun devenait responsable de soi d'abord, combien y aurait-il de conflits et de maladies en moins ?

Si vos parents avaient eu la possibilité de faire le choix d'être heureux, certaines souffrances seraient moins douloureuses et auraient moins de répercussions dans la vie de l'adulte.

Si vous voulez que vos enfants soient heureux, il faut absolument leur donner l'exemple.

Il ne sert à rien de faire quelque chose pour vous et de leur dire à eux de faire le choix inverse. Il y a de fortes probabilités qu'ils choisissent, tout comme vous, de mal être. Ils le feront par amour, par loyauté. Même si c'est un choix inconscient, il en sera ainsi.

La tristesse permet l'expression de la souffrance. Selon mon expérience, cette émotion aussi, il vaut mieux l'exprimer que la refouler. Les plus belles chansons, les plus beaux films, les plus belles œuvres d'art arrivent souvent à nous faire ressentir de la tristesse.

Si vous prenez un enfant qui vient de se blesser et vous lui dites de se taire, il deviendra rouge tomate, confus et contracté. Si, au contraire, vous lui dites qu'il a le droit de pleurer, il laissera couler une petite larme et s'en ira jouer, rapidement soulagé.

Rappelez-vous qu'il n'y a rien de positif ou de négatif.

L'énergie est neutre, c'est ce que nous en faisons qui détermine le reste.

Si notre tristesse nous fait chanter d'une manière merveilleuse, l'émotion se transforme en quelque chose qui peut faire vibrer intensément.

Les plus grands créateurs de ce monde sont des êtres excessivement émotifs. Par l'expression de leur art, ils nous font vibrer !

Ce qui est difficile pour eux, c'est que toutes ces émotions intenses les chavirent et les rendent souvent malades.

Mais ce n'est pas forcément négatif.

Dans le livre *Cessez d'être gentils, soyez vrais !*, Thomas d'Ansembourg écrit : « Ce qui fait mal ne nous fait pas forcément du tort. »

Nous avons appris que les choses sont bien ou mal, positives ou négatives, anges ou démons, ciel ou enfer… vous me suivez ? Je vous propose plutôt de dire agréables ou désagréables.

Pourquoi ? Parce que tout ce que nous vivons au cours de notre vie, les différentes situations nouvelles, c'est ce qui fait la richesse de notre expérience.

Je pense que la vie est une sorte de jeu qui peut servir à nous découvrir davantage, mais nous ne sommes pas obligés d'y jouer.

Un jour, le jeu se terminera pour nous, mais en attendant, nous pouvons tenter d'avancer sur différentes cases si nous le souhaitons. Nous pouvons choisir d'avoir peur de bouger, d'évoluer et rester au même endroit, ne faire l'expérience que de cette case. Il n'y a rien de négatif à cela. Cette expérience risque seulement de nous paraître ennuyeuse.

Si vous cherchez la sécurité, vous risquez de trouver l'ennui !

Parfois, nous serons plus chanceux et nous pourrons cheminer rapidement, parce que nous serons dans une énergie d'ouverture, une énergie du cœur.

Parfois, nous aurons des obstacles à contourner, à surmonter. Parfois, nous échouerons. Et nous apprendrons de ces obstacles si nous le souhaitons, mais nous ne sommes pas obligés. Lorsque nous réussissons quelque chose qui nous semblait au début insurmontable, nous nous aimons davantage parce que nous avons découvert des ressources inattendues en nous. Par le résultat agréable de nos efforts, nous découvrons une autre facette de notre personnalité.

La vie nous apprend plus si nous essayons différentes choses. Par exemple, si on voyage beaucoup, on décide de s'insécuriser, on change nos schèmes de référence. On apprend différemment. Plus on voyage, moins cela nous insécurise. On se fait rapidement aux autres schèmes de référence et on devient même curieux de les connaître !

Tout part de nous, de nos schèmes de référence ; si nous les changeons, nous agrandissons nos possibilités de nous connaître et de nous aimer !

C'est fabuleux !

La terre est une immense salle de jeu avec des possibilités incroyables !

Vous connaissez la méthode de mise en forme de Pilates ? Cet homme a été fait prisonnier et, dans sa toute petite cellule, il a décidé de se sentir libre. Qu'a-t-il fait ? Des exercices ! Il est devenu très musclé dans un espace excessivement réduit. Ses techniques ont été enseignées aux danseurs professionnels pendant de nombreuses années avant de nous parvenir.

Ne pensez-vous pas que si, dans un espace excessivement confiné, cet homme a réussi quelque chose de si spectaculaire, nous pouvons aussi prendre des décisions de liberté intéressantes ?

Votre tête, c'est ce que tout le monde a mis dedans ; votre cœur, c'est vous-même.

Notre tête contient nos programmations, lesquelles sont souvent erronées. La peur génère de l'énergie d'agitation et non d'action. Le cœur nous amène une énergie d'action.

Ginette Reno a déclaré, en pleurant à l'émission *Tout le monde en parle*, qu'elle n'avait pas fait de carrière internationale parce que sa mère lui a dit, lorsqu'elle était petite, qu'elle « était née pour un petit pain » et qu'elle l'a cru.

Devenir responsable, cela veut dire remettre en question les schèmes de référence lorsqu'on sait qu'ils existent.

Une de mes sœurs m'a dit qu'à l'âge de quatre ans, elle a choisi que plus tard elle deviendrait une maman à la maison, parce que notre propre mère avait quitté le foyer et qu'elle trouvait ça triste. C'est exactement ce qu'elle est devenue, son plan de vie était tracé pour elle dès un si jeune âge.

C'est l'émotion de sa tristesse qui a déterminé ses schèmes de référence, et qui a guidé sa vie.

Je pense que nous fonctionnons tous ainsi.

Nous pouvons choisir de conserver nos schèmes de référence initiaux toute notre vie, si nous le voulons, et cela peut être très agréable ou très désagréable.

C'est lorsque cela devient désagréable et que les malaises s'installent qu'il devient intéressant de faire un peu de ménage.

Lorsque le schème de référence change, lorsqu'il est moins contraignant, toute notre énergie peut circuler autrement.

L'énergie aime le mouvement.

Chapitre 10

La peur

On a appris à avoir peur, à vivre dans la peur.

Nous sommes hypnotisés ainsi.

La peur est, selon mon expérience, la pire de toutes les émotions, car elle n'arrête pas de se déguiser. Elle se déguise en dépendance à l'alcool, à la drogue… elle peut même se déguiser en plaisir !

J'ai déjà entendu cette fausse vérité : « Mes peurs me sécurisent. » Ne serait-il pas plus vrai de dire : « Rester dans le processus de la peur m'est connu et le connu me sécurise… un peu. »

Bizarrement, nous pensons même que sortir de la peur est nocif !

Alors que si on étudie les phénomènes liés à cette émotion, on voit tout de suite que la peur crée une série de conséquences désastreuses pour le métabolisme.

Scott Peck a écrit, dans *Le chemin le moins fréquenté* : « Je pense que c'est la peur qui nous tue à petit feu. »

Je suis entièrement d'accord avec lui. Aussitôt qu'une peur se libère, le sourire reprend ses droits, car l'énergie recommence à circuler convenablement. Elle n'est plus agglutinée dans la spirale interne de la tête. Lorsque la peur disparaît, même la peau reprend une belle coloration presque instantanément.

Observez, vous verrez !

La peur nous fait perdre du temps de qualité. Elle nous soumet, elle nous fait tourner en rond, nous fait nier la vérité. Elle profite amplement aux entreprises qui vendent de l'assurance, parce qu'on vous promet de la sécurité. Plus vous avez peur, plus vous en achetez. Vous avez peur de la souffrance? Vous achetez alors des médicaments. La beauté, la jeunesse, le succès, la popularité… vous achetez.

Allez-vous avoir assez de REER pour votre retraite? On peut s'en inquiéter pendant des années entières.

Une amie me racontait qu'elle avait reçu chez elle plusieurs de ses copines, dont l'une d'elles était de passage et vivait en Afrique depuis longtemps. Toute la soirée, les filles ont parlé de leurs peurs, du coût de la vie toujours grandissant, de leur crainte de manquer d'argent, de REER… À la fin de la soirée, l'invitée d'Afrique leur a dit: « Vous avez vraiment **tout** et vous avez peur d'être dans le manque? Vous vous êtes fait des peurs durant toute une soirée! En Afrique, les gens n'ont rien. Ils n'ont toutefois jamais aucune de toutes les peurs que vous avez énoncées. »

Un poste de télévision nous informe sans arrêt de la météo. Et revenez-nous après la pause, car tout peut changer.

Il suffit de commencer à se sortir de la peur pour voir à quel point, dans notre société, la peur est contagieuse. À quel point elle profite à l'industrie de la consommation.

Un jour, j'ai avisé ma compagnie d'assurances que je mettais un terme à un contrat qui nous liait. Je l'ai fait par lettre au lieu d'envoyer le chèque comme il se doit.

Une personne terriblement anxieuse me téléphone (par déformation professionnelle je les reconnais au timbre de leur voix), me dit travailler pour l'agent de ma compagnie d'assurances et me demande de lui dire pourquoi je souhaite mettre un terme au contrat. J'ai failli lui répondre simplement que je n'en avais plus besoin, mais j'ai décidé de lui demander en quoi ma réponse pouvait l'intéresser. Elle m'a dit que c'est très dangereux de mettre un terme à une assurance (dont je n'ai plus besoin, mais elle ne le sait pas). Sur un ton de panique, elle m'affirme qu'il est de son devoir de m'aviser que des poursuites terribles pouvaient être intentées contre moi.

Je lui ai répondu qu'elle pouvait dorénavant me considérer comme avisée de ces possibilités, qu'elle avait bien fait son travail, puis j'ai raccroché.

Si j'avais été dans la peur, il est bien évident que la compagnie pour laquelle elle travaillait aurait eu son chèque !

Si j'en avais eu la possibilité, je l'aurais traitée pour ses anxiétés.

On a peur d'avoir peur. C'est la plus fréquente des peurs.

Et, dans certaines émissions à caractère scientifique, on vous démontrera que les effets des émotions imaginées ont les mêmes effets sur le métabolisme que les émotions réellement vécues.

Avoir peur du loup est une expérience très fréquente. On a appris qu'il vaut mieux avoir peur. C'est tout. Et, pour le métabolisme, c'est désastreux de conséquences.

Il m'arrive souvent de voir des gens très inquiets et je leur demande de quoi ils ont peur. Ils ne savent pas, la réponse ne vient pas, ils n'en ont aucune idée, comme s'ils avaient juste l'habitude d'avoir peur. Comme si cette habitude d'avoir peur pouvait les maintenir en vie.

C'est faux, la peur nous tue. Elle le fait tout doucement, ou plus radicalement. La peur chamboule l'énergie, elle l'encrasse.

On a peur pour nos enfants, nos parents, nos amis…

On a peur d'avoir peur du jugement, de la non-performance, de la non-reconnaissance, de l'autre, de se faire avoir, de réussir, de ne pas réussir, d'essayer quelque chose pour voir.

On a peur de perdre notre emploi, notre conjoint, notre caisse de retraite…

On a peur et on endure parce qu'on a peur.

On se soumet parce qu'on a peur. On rend les autres responsables de nous, car on a peur d'assumer les conséquences de nos choix.

Les autres feront probablement des choix inconcevables à notre place, et nous serons ainsi les victimes. On est soit victimes soit responsables.

Mais détrompez-vous, les victimes paient le prix de leur choix de ne pas choisir. Elles endurent, et cela détériore grandement une santé que d'endurer.

Les peurs que vous avez et que vous entretenez rapportent gros à certaines sociétés. Vos peurs sont vraiment dévastatrices pour votre énergie.

Lorsqu'on commence un tout petit peu à se sortir de ses peurs, on ne voit que la peur des autres, tout le temps ! Des inquiétudes de toutes sortes sont continuellement énoncées. Écoutez un peu et observez.

J'ai même déjà entendu : « J'ai peur que tu me fasses du bien et que ce bien que tu me fais me fasse mal à la longue. » (!?)

Selon moi, être vivant est l'une des plus grandes peurs. C'est pour cela que les êtres vivants résistent à la vie. Ce n'est pas la mort mais le risque d'être vivant qui suscite la peur la plus importante.

Lorsque je travaillais à l'hôpital, au début de ma vie professionnelle, un poste très intéressant a été affiché sur le babillard. Le poste idéal, avec des conditions avantageuses, de bons horaires, des congés… Ce poste était fait pour moi. J'étais découragée d'entendre le nombre de personnes bien plus anciennes que moi prétendre qu'elles changeraient d'emploi pour obtenir celui qui était affiché. Plus les semaines avançaient, moins j'avais d'espoir. Malgré tout, j'ai décidé de postuler en me disant que les gens qui essaieraient ce travail avant moi ne l'aimeraient pas forcément…

Eh bien ! Quelle surprise, on me l'a offert ! Pourquoi ? Tout simplement parce que tous ceux qui disaient souhaiter ce poste n'avaient pas postulé !

Quelle peur a poussé tous ces gens à agir ainsi ? Je ne l'ai jamais compris.

Cela a été un travail captivant que j'ai fait avec grand bonheur durant plusieurs années. Et qui m'a été généreusement offert grâce… aux peurs des autres !

Lorsque nous sommes émotifs, nous ne sommes pas forcément rationnels.

Il est vraiment fascinant de tenter de comprendre ce qui n'est pas rationnel chez les individus.

Je suis devenue, au fil des ans, un détective Colombo de l'irrationnel.

Plusieurs énigmes sont déjà élucidées, car elles reviennent constamment; mais d'autres restent pour moi un véritable puzzle, ce qui me permet de rester curieuse.

Dans *Le chemin le moins fréquenté*, Scott Peck a écrit aussi: «Au cours de notre existence, personne ne nous a davantage maltraités que nous-mêmes.»

Et les limites que vous établissez à vos propres mauvais traitements envers vous-même sont exactement celles que vous tolérez de la part d'autrui.

C'est aussi ce que je pense: nous sommes nos propres bourreaux!

C'est une très mauvaise nouvelle.

Mais il y a aussi une bonne nouvelle. Une fois qu'on en prend conscience et qu'on en comprend la mécanique et les enjeux, on peut choisir d'arrêter de se faire du mal.

La peur est un phénomène naturel et souvent une réponse apprise d'expériences désagréables. Tout le monde connaît la peur.

La peur est utile pour détecter le danger, nous épargner des ennuis, nous garder attentifs. C'est un outil pour se connaître, une forme d'énergie qui peut servir à nous faire évoluer, grandir. Il est toutefois nécessaire que la peur ne soit pas paralysante.

Je crois que la chose que j'ai connue de plus triste durant mes années de consultation est l'histoire de cette femme qui avait peur de tout. Ayant grandi dans un milieu familial où la peur était omniprésente, elle vivait depuis toujours avec sa mère et son frère alcoolique. Ce frère faisait continuellement des crises émotives, ce qui rendait l'atmosphère lourde et sa vie triste. Quelques années auparavant, le père, aujourd'hui décédé, faisait équipe avec le fils dans les scènes répétitives du drame familial. Le drame se jouant maintenant avec un seul personnage plutôt que deux, elle trouvait donc qu'il y avait une amélioration dans sa vie.

Elle travaillait depuis plus de vingt-cinq ans au même endroit, n'aimait pas particulièrement son travail, mais avait quand même peur de le perdre dans les deux années à venir. Elle savait qu'elle aurait, le cas échéant, une compensation financière, mais cela ne calmait en rien ses inquiétudes. Elle avait plus de quarante ans, était mince et jolie. Elle m'a dit n'avoir jamais eu de relations sexuelles, n'ayant même jamais embrassé un homme. Elle ne connaissait rien du désir, du plaisir d'être femme…

Chacune des années de sa vie ressemblait aux années précédentes.

Je lui ai fait écouter la chanson de Daniel Bélanger, « Il n'y a rien de pire que rien », ce qui l'a fait pleurer.

Cette femme est venue quelques fois me consulter afin de délier ses peurs, et elle a commencé à se sentir mieux. Elle envisageait de prendre un appartement et s'achetait des magazines de décoration. Puis, elle m'a annoncé qu'elle ne pouvait pas considérer de laisser sa mère vieillissante seule avec son frère. Elle a abandonné le projet de se libérer, puis a cessé ses consultations.

Curieusement, les gens font souvent cela. Ils préfèrent rester dans la souffrance connue au lieu d'envisager le bonheur possible. Peut-être n'ont-il jamais eu l'idée d'affronter leurs peurs.

Ils me disent clairement : « Cette souffrance, je la connais, je l'endure depuis tellement longtemps. Si je choisis d'y mettre un terme, que se passera-t-il ? Je ne sais pas si je peux m'habituer à autre chose. Si je regarde la douleur des autres, je me dis que la mienne est supportable après tout. »

Imaginez que vous ayez une écharde sur le bout de l'orteil, et chaque fois que vous posez le pied, vous dites « ouille ! » Cette écharde peut tellement faire partie de votre histoire que vous pensez qu'elle fait partie de vous. Toutefois, en enlevant cette écharde, ce qui ne sera pas forcément facile, n'aurez-vous pas enfin l'occasion de guérir et de vous sentir libre ?

En faisant des choix de peurs et de souffrances, on n'apprendra jamais rien de plus sur qui on est, sur ce qu'on pourrait être. Sur la liberté potentielle à ne pas vivre continuellement dans la douleur.

Plusieurs personnes choisissent de limiter leur vie en fonction des limitations de l'autre. Le conjoint est jaloux, je ne peux donc pas sortir. J'ai une bonne excuse. En fait, le choix est fait par la peur de perdre le conjoint si je ne suis pas assez gentille…

J'ai pourtant une amie qui était très jalouse. Son nouveau conjoint a décidé que sa jalousie à elle n'avait rien à voir avec ses comportements à lui. Il s'est dit que ce n'était pas son problème, qu'il ne pouvait donc pas le traiter. Il a choisi d'ignorer ses questions, ses récriminations… n'ayant rien à se reprocher. Il a juste décidé de ne pas « traiter ce dossier jalousie », car ce n'était pas son problème. Savez-vous quoi ? Elle a cessé d'être jalouse ! Je n'en revenais pas ! Il avait choisi, lui, de ne pas limiter sa liberté en fonction de ses peurs à elle et… elle a cessé ses crises de jalousie !

Quelle belle leçon !

Nous faisons généralement l'inverse en tentant de rassurer la personne qui a peur.

La peur se déguise, se transformant en colère, tristesse, dépression, procrastination, manipulation, phobies ; elle nous victimise.

Lorsque nous souhaitons manipuler les autres, c'est que nous avons peur de quelque chose. Sinon à quoi bon ? Nous avons peur du rejet de qui nous sommes, alors nous charmons, nous mentons, nous enjolivons… Nous ne montrons qu'un côté givré de notre personnalité. Nous faisons du spectacle !

Je pense que nous pouvons parfois manipuler parce que nous ne savons pas que nous sommes faux, trop pris encore dans nos fausses vérités. Nous avons peur d'être jugés ou d'être pris en défaut, comme des petits enfants craignant de perdre l'amour de leurs parents.

Par la quête de la vérité, nous perdons tranquillement ces peurs. Nous sommes qui nous sommes, tout simplement. Nous pouvons donc agir sans prétention, sachant que nous ferons différentes expériences qui ne garantissent aucunement le succès. Juste le fait d'avoir le privilège d'être vivant et de faire différentes expériences est déjà tout un cadeau.

En fait, qu'est-ce qu'un échec? C'est une expérience qui ne donne pas le résultat que nous avions escompté. Si nous n'aimons pas un résultat, nous pouvons nous recentrer et essayer autrement.

Pierre Péladeau n'a-t-il pas fait plusieurs faillites avant de réussir en affaires?

Nos résultats les moins reluisants nous permettent de réfléchir, d'évoluer. La vie ne serait-elle pas ennuyante si toutes nos actions amenaient toujours les résultats escomptés?

Depuis de nombreuses années, je pose la question suivante aux gens que je rencontre: «À votre avis, à quoi devrait nous servir la vie?»

Peu importe la race, le sexe, l'âge, la condition sociale, il n'y a toujours que deux réponses qui font l'unanimité:

La vie devrait nous amener à être heureux, et,

La vie nous permet de faire différentes expériences.

En bref, la vie devrait nous permettre de faire différentes expériences menant graduellement vers le bonheur.

Vous en connaissez beaucoup des gens qui vivent réellement ainsi?

Je rencontre parfois des personnes âgées, souffrantes, malheureuses, qui racontent des événements d'ordre émotif. Ce sont des souvenirs souvent issus de la petite enfance qui prennent toute la place dans ce qu'elles ont à raconter. Ce sont des souvenirs d'autrefois, comme si le temps du cerveau gauche n'avait plus la force de tenir ses barèmes.

Si l'objectif est de viser le bonheur, il nous faut enlever les entraves comme la peur, la colère et la tristesse.

Généralement, nous ne faisons pas ce choix de faire différentes expériences afin de tendre au bonheur. Nous avons tendance à faire toujours les mêmes expériences de malheur, ayant juste oublié de penser que nous pouvions faire les choses autrement.

Pourtant, le bonheur est une émotion. Les émotions se vivent dans le corps. Jamais ailleurs. Comment faire pour ressentir du bonheur si on n'a pas pris la peine d'entrer en contact avec ce corps pour savoir comment il se sent?

Comment se présenter à l'autre si on ne se connaît pas?

Au début de la trentaine, j'allais parfois voir une massothérapeute qui était grandement efficace. Aussitôt que j'étais en massage, j'éclatais en sanglots. Et, malheureusement, mon chagrin durait trois jours. Je ne voulais plus aller la voir et je me disais: «Lorsque je vais mal, je n'ai certainement pas besoin de pleurer durant trois jours. Et lorsque je vais bien, je ne veux pas me priver de mon bonheur par trois jours de larmes!»

Je lui ai confié: «Je suis faite à 90 % de tristesse. Si j'évacue toute cette tristesse, il restera si peu de moi.» Comme si, sans la tristesse, je ne devenais que 10 % de moi-même (!?). J'avais peur de me libérer de ma tristesse.

Il y a quelques années, j'ai retrouvé ses coordonnées et je suis retournée me faire masser. Cela m'a permis de réaliser tout le chemin parcouru. Aucune tristesse, seulement une force tranquille! Je dirais même que mon cheminement me permettait davantage de voir la vulnérabilité de ma thérapeute, ce que je n'avais pas perçu auparavant.

Si un contenant est plein, il faut commencer par le vider afin de le remplir de nouveau. Je pense que d'un point de vue énergétique, il faut cesser de se mentir à soi-même et laisser sortir ce qui est douloureux afin de faire place à de l'énergie nouvelle.

Si vous faites ce choix de libérer des émotions désagréables, comme la colère ou la tristesse, faites-le sans retenue, en essayant de ne pas faire souffrir les autres de vos difficultés. Ensuite, faites-vous plaisir! Mangez du chocolat, prenez un verre de vin. Mettez en vous quelque chose de réjouissant.

Car les émotions peuvent renaître d'elles-mêmes. Repensez aux meilleurs moments de vos dernières vacances et… vous y êtes! Vous allez sécréter de la sérotonine et vous sentir comme si vous y étiez à nouveau.

Il en va de même pour les colères que vous ressassez, car vous les faites renaître! Il faut faire le choix de vous en libérer, d'en guérir.

Partez à la conquête des vérités qui vous en libéreront!

Il faut en émettre l'intention, tout simplement.

Vous habitez la planète du libre arbitre, rappelez-vous !

Au début de ma vie de consultante en santé, j'ai eu le privilège d'avoir un client qui m'a beaucoup appris sur la phobie. Ce client avait décidé que ses consultations lui coûteraient au total mille dollars et qu'il serait soulagé pour le début du printemps. Pleine de bonne volonté, j'ai mis à son service les meilleures techniques d'hypnose que j'utilisais ardemment à cette époque. Je le vois soulagé avant le terme et le budget convenus. Surprise des résultats, j'utilise une de mes techniques apprises afin de vérifier mon intuition. Tout semble rentrer dans l'ordre. Il revient toutefois me consulter, revivant encore ses difficultés. À la dernière consultation, il avait utilisé le temps et dépensé l'argent qu'il avait prévus au départ. Il est arrivé de lui-même à la conclusion qu'il avait été soulagé avant, mais ce n'était pas ce qu'il avait choisi. Il avait donc remis en lui ses difficultés pour arriver aux résultats en temps et en argent qu'il s'était fixés !

C'est vraiment l'individu qui décide !

J'ai demandé la validation de cet état de fait à mon coach de l'époque. Selon lui, le client s'est fait un scénario de bien-être et souhaitait s'en tenir à ce scénario. Pourquoi pas ? Il habite sur la planète du libre arbitre !

La peur de l'échec est omniprésente dans plusieurs entretiens.

Un de mes clients était resté tendu après un traitement de libération émotionnelle habituellement efficace. Je lui ai demandé pourquoi il restait tendu.

Il m'a répondu qu'il avait peur que ça ne le soulage pas ! « Pourquoi avez-vous peur ? Vous allez déjà mieux qu'avant le début du traitement ! » Il s'est détendu et il a ri. Il a cessé d'avoir peur.

Un de mes neveux, en deuxième année du primaire, avait trouvé ce moyen très créatif de ne pas faire de fautes dans sa dictée, il ne l'écrivait pas.

Si on n'essaie pas, on ne peut pas se tromper ! C'est enfantin ? Combien d'entre vous le faites ? Ou ne le faites pas ?

Si vous ne faites pas un geste, vous ne connaîtrez jamais le résultat attaché à n'avoir rien fait.

Vous n'aurez pas tenté une nouvelle expérience afin de voir si elle peut vous satisfaire.

Un autre enfant, à qui j'ai demandé comment ça allait à l'école alors qu'il était aussi en deuxième année du primaire, m'a répondu le plus sérieusement du monde : « Oh, cette année, ça va, mais l'an dernier j'ai trouvé ça très difficile et j'ai bien failli tout arrêter ! »

La peur de l'inconnu est à la base de la peur. Ne pas savoir d'avance comment on fera face à ce que la vie nous présentera nous tétanise parfois. Ou bien cela nous stimule !

À nous de choisir !

Mais que connaissons-nous de demain ?

Ne serait-il pas ennuyant de savoir *a priori* que tous les demains seraient les mêmes ? Si tous les lendemains étaient les mêmes, nous ne pourrions rien découvrir de nouveau sur notre potentiel, nos possibilités.

Certaines personnes recherchent cette routine qu'elles définissent comme sécurisante.

Dans mon cas, la routine me tue, elle m'enlève la joie de vivre. J'aime les surprises de la vie.

Mais le sentiment de sécurité est une émotion qui se vit dans le corps.

L'argent en banque ne donne pas la sécurité. En effet, mes clients les plus riches sont souvent les plus anxieux, les plus inquiets.

La peur tolérée passivement coûte de plus en plus cher. Elle menace la santé physique et mentale (allant même jusqu'au suicide et à la mort). Elle amène une joie de vivre décroissante. Elle amène l'érosion de la confiance et de l'estime de soi. Elle coûte cher en malaises, médicaments, distractions, compulsions, dépendances… Elle nous empêche de faire des choix éclairés, des expériences enrichissantes… et bien plus encore.

La peur nous agite, nous rend hypervigilants.

La peur n'est toutefois pas négative, elle est tout simplement un mécanisme de défense. Si vous n'avez jamais peur, vous allez vous faire écraser par une voiture aussitôt sorti de la maison.

La peur se ressent au plexus solaire, le centre des émotions. Elle enclenche un système d'alerte. Elle coupe l'énergie en deux, afin de faire en sorte que le moteur de ce que nous sommes, notre cœur, nos poumons puissent être les plus performants possible pour nous faire sortir de situations dangereuses pour notre survie.

En état d'alerte, notre cerveau tourne plus vite (30 à 35 cycles par seconde si on fait un électroencéphalogramme) et devient hypervigilant. Il y a plus de courant qui se transmet entre les neurones. Nous pouvons ainsi entendre plus, voir mieux, ressentir davantage. Si vous êtes attaqué, cet enchaînement de mécanismes peut vous sauver la vie.

Si nous avons peur continuellement, nous restons continuellement dans cet état d'alerte en train de sécréter de l'adrénaline et du cortisol.

Cet état d'alerte, s'il est temporaire, n'est pas mauvais en soi. Ce qui use le corps et l'esprit, c'est de le maintenir sur une longue période de temps.

Tous les êtres humains que je connais souhaitent être heureux. C'est logique.

Et ceux-ci connaissent tous la peur. C'est logique aussi.

Si vous vivez continuellement dans la peur, c'est comme si vous appuyiez sur les freins, alors qu'une partie de vous appuie sur l'accélérateur souhaitant aller vers le bonheur. L'émotion de la peur va gagner (l'émotion gagne toujours), vous voudrez contrôler davantage (hémisphère gauche du cerveau) parce que vous avez davantage peur. Votre peur parlera plus fort, car elle vous demande de l'entendre, et deviendra anxiété, ou compulsion, ou dépendance.

Le problème, avec l'hypervigilance, c'est que le mécanisme s'enclenche de plus en plus fortement, de plus en plus facilement, pour des raisons de moins en moins essentielles... et bonjour la détresse, car il est difficile pour n'importe quelle mécanique de fonctionner aussi intensément sans relâche.

Souvent, les gens me racontent des années et des années de difficultés où la vie s'est acharnée à leur faire vivre le pire. Cela commence très souvent dès la petite enfance. Ils sont «habitués à être en hypervigilance», ils ne connaissent pas autre chose, ce sont là leur schème de référence. Comme si la vie, c'est la suractivité du cerveau. Ils pensent aussi que cela les rend plus intelligents parce que ça bouge plus à l'intérieur d'eux.

En effet, il y a beaucoup de mouvement, mais c'est de l'agitation (de l'énergie de tête), ça tourne en rond.

Connaissez-vous des gens qui sont incapables d'écouter? Ils passent en boucle leurs cassettes intérieures. Toute leur attention est centrée sur leurs conversations avec eux-mêmes, leurs programmations qu'ils se repassent indéfiniment afin de se convaincre de quelque chose. Ils sont dans l'incapacité d'être en ouverture, ils ont trop peur!

Ce n'est pas de l'action, c'est beaucoup d'énergie mais de moindre qualité.

Jean-Paul Sartre a dit: «Pour obtenir une vérité quelconque sur moi, il faut que je passe par l'autre.»

La manière la plus efficace et accessible à tous afin d'inverser le processus d'hypervigilance est de prendre l'habitude de méditer. En méditant, on permet au cerveau de prendre une pause; en méditant, on peut passer d'un mode bêta à un mode alpha.

On peut ainsi «s'habituer à ralentir la machine», car en mode alpha, le cerveau roule à vitesse moindre.

Si on observe le tout sur un électroencéphalogramme, qui détermine la vitesse des courants électriques que notre cerveau peut émettre, on constatera que:

En activité normale bêta, le cerveau roule entre 16 et 30 cycles par seconde.

Nous sommes alors en processus créatif où les actions et les pensées sont agréables et faciles.

Si on utilise la conduite d'une automobile comme analogie, on prend une courbe, puis une autre et tout va bien.

En suractivité bêta, le cerveau roule entre 30 et 35 cycles par seconde.

Nous sommes hypervigilants, agités, nous ressentons la peur, nous sommes facilement irritables, nous vivons beaucoup d'émotions désagréables.

Pourquoi? Parce que nous ressentons davantage de choses, nos sens travaillent « trop fort » en quelque sorte. Nous sommes plus sensibles à tout, nous entendons plus, nous ressentons plus. Les choses nous dérangent donc davantage.

Par analogie avec la conduite d'une automobile, on appuie sur les freins et l'accélérateur en même temps. Ça surchauffe! On a peur et on veut contrôler (hémisphère droit / hémisphère gauche).

Généralement, nous ne percevons pas le déséquilibre, car d'une certaine manière, on s'y habitue. Et nous nous épuisons dans une énergie de tête.

En activité alpha, le cerveau roule entre 8 et 16 cycles par seconde.

C'est la présomnolence. Ce n'est pas le sommeil, c'est juste avant.

C'est le lâcher-prise qui peut se vivre en état de veille ou de sommeil.

La suggestibilité est accrue, la connaissance devient facile, c'est la relaxation profonde de l'esprit.

En mode conduite d'une automobile, on est en position neutre. Le duel cerveau droit / cerveau gauche s'essouffle. C'est le lâcher-prise, la possibilité de générer sa propre sérotonine, sa propre endorphine. L'énergie du cœur émerge, amenant le calme et proposant la guérison.

C'est d'ici qu'émane l'intuition.

En activité thêta, le cerveau roule entre 4 et 8 cycles par seconde.

C'est le début de l'inconscience. C'est alors le sommeil.

La voiture est stationnée et le moteur ronronne. Le métabolisme exécute toutes sortes de tâches telles que la digestion et l'assimilation des nutriments.

En activité delta, le cerveau roule entre 0 et 4 cycles par seconde.

C'est le sommeil profond, plus bas, c'est le coma, ensuite la mort à 0.

Le moteur s'arrête, la voiture est garée.

Lorsque les gens ont mis toutes leurs énergies à couper leurs émotions, les considérant comme de la faiblesse, ils souffrent terriblement.

Ils souffrent de deux manières possibles. Soit leur corps les avise par différents symptômes de la détresse qui les habite, soit ils sont à la fois coupés entièrement de la détresse et de la joie. Le cas échéant, ils fonctionnent comme des machines qu'ils croient logiques, ils pensent à tort que les émotions «sont un vrai paquet de troubles». En fait, elles le sont parfois, surtout si elles nous envahissent et qu'on ignore comment s'en départir.

Les émotions sont aussi une merveilleuse source de joie et de bonheur. J'essayais dernièrement d'expliquer à un client actuaire à quel point, durant une semaine entière, avait pu me transporter de joie le spectacle *Les douze hommes rapaillés* (chansons interprétées par douze artistes québécois à partir des poèmes de Gaston Miron). Il me regardait comme si j'énonçais quelque chose d'impossible. Il semble que j'aurais pu avoir plus de succès en lui demandant: «**Combien tu vas?**»

Il arrive très souvent que les gens consultent parce qu'ils sont malheureux. Lorsque je leur demande de me donner une évaluation de leur inconfort sur une échelle de 1 à 10, leurs regards deviennent vides, pendant que la question attend une réponse. C'est comme si cette question ne faisait aucun sens dans leur esprit. Comme si je l'avais posée dans une langue étrangère.

Pourtant, le bonheur, la joie, tout comme la détresse, sont des émotions.

Les émotions se trouvent dans le corps. Pas ailleurs.

Il est impossible de les ressentir si on ne sait pas comment on se sent. Nous efforcer de mettre en pratique ce qu'on nous a enseigné, c'est-à-dire qu'il fallait avoir et faire afin d'être heureux, on en oublie l'essentiel, le bonheur.

Et le bonheur peut se vivre dans le corps. Si le corps est content, la vie devient plus jolie.

Attendre que la vie soit jolie avant d'être heureux est un objectif qui mène à l'impasse.

Attendre que tous pensent comme moi conduit à la frustration.

Attendre qu'on devine mes pensées, qu'on me donne continuellement ce que je veux signifie dire me déresponsabiliser. Me déresponsabiliser veut dire ne pas vivre le sentiment de liberté qui est lié à la responsabilisation.

Les ententes entre individus sont davantage souhaitables et peuvent amener des partenariats solides. Mais même les contrats légaux signés devant des avocats peuvent conduire à des conflits importants. J'en ai fait l'expérience. Les ententes de ce genre peuvent amener leur lot de difficultés.

Les attentes sont vouées à la détresse. Elles font partie d'un imaginaire, du non-dit, de la difficulté à être responsable de soi.

Je pense sincèrement que vous êtes la personne même qui vous fera le plus de mal durant votre vie.

Vous le faites de manière inconsciente. Vous le faites peut-être parce que vos parents n'ont pu vous montrer ce qu'ils ne savaient pas. Et le processus se produit en fonction de vos souvenirs, de vos croyances, de vos programmations. Tout cela remplit votre tête.

Mais ce que vous êtes réellement est beaucoup plus que cela.

Vous êtes une source fascinante d'énergie en action. Vous pouvez transformer cette énergie, vous en avez le potentiel. Vous êtes des êtres très créateurs, si tel est votre désir. Vous pouvez procréer, créer et recréer autant de réalités que vous le souhaitez. Si vous avez de l'imagination pour envisager constamment le pire, c'est une bonne nouvelle : vous avez en effet de l'imagination ! Et elle peut servir autrement si vous la dirigez ailleurs !

Si je lance une balle dans une direction, elle ira dans cette direction. Si je la lance ailleurs, elle ira ailleurs.

Lorsque nous prenons conscience de cela, nous pouvons aller vers des directions de vie différentes. C'est agréable de pouvoir choisir, dans un buffet, tous les plats qui nous conviendront le mieux. De même, la vie est faite de choix, et des choix se font en attendant d'autres choix. La vie est rarement un trajet rectiligne, même si c'est le choix que vos peurs souhaiteraient pour vous.

Si j'utilise toute mon énergie afin de nourrir mes peurs, mes insécurités, mes tristesses, assurément mon corps en aura assez.

Durant une formation, j'ai sorti une grande cuillère bleue que je mettais devant la bouche d'une étudiante lorsqu'elle me demandait : « Pourquoi je vis continuellement cette difficulté ? » Je basculais alors la cuillère vers sa bouche et je lui disais : « Parce que tu nourris continuellement cette difficulté, qui grandit et qui a toujours faim. »

Un jour, elle arrive à son cours ouverte et détendue. « Ça alors, que s'est-il passé ? »

Elle me répond : « Lorsque mes peurs font surface, je te revoie me mettant la cuillère sous le nez. Et je me rappelle de cesser de nourrir mes peurs ! »

Elle va de mieux en mieux, elle est souriante, ses affaires vont bien maintenant.

Chapitre 11

La méditation du cœur

C'est du cerveau gauche dont nous sommes le plus fiers. On dit qu'Einstein a trouvé sa réponse à la théorie de la relativité lorsqu'il a lâché prise et qu'il a décidé de se faire plaisir en visitant un ami. Cela faisait pourtant plusieurs années qu'il se questionnait.

Je crois que nous sommes tous beaucoup plus intelligents dans l'énergie du cœur que dans l'énergie de la tête.

En méditant, nous nous ouvrons à entendre la voix du cœur.

Dans ses *Lettres à l'Ashram*, Gandhi a écrit : « C'est une erreur de croire nécessairement faux ce qu'on ne comprend pas. »

Avez-vous déjà entendu affirmer que nous n'utilisons qu'une petite partie de notre cerveau ?

Et si cette partie sous-utilisée venait justement du côté droit du cerveau ? Et qu'elle pouvait faire surface lorsque nous lâchons prise ?

Je suis convaincue qu'il en est ainsi.

C'est ce que tente de démontrer Mario Beauregard, scientifique québécois d'expérience, dans son livre *Du cerveau à Dieu*.

Certaines recherches scientifiques tournent en rond. Dans son livre, il dit que les gens davantage cérébraux ont moins de chance de connaître des illuminations. C'est pourquoi ils réfutent les expériences qu'ils ne choisissent pas de faire.

La démarche scientifique se veut logique et elle affirme qu'une chose existe seulement si on peut la prouver et la répéter à volonté.

Ce n'est pas parce qu'une chose n'est pas encore expliquée qu'elle est fausse. Pouvions-nous scientifiquement affirmer que la terre était plate parce qu'on n'avait pas encore prouvé qu'elle était ronde ?

C'est pourtant ce que la science fait très souvent.

Il serait bien intéressant de voir des scientifiques s'orienter davantage vers des démarches du genre : « Tout est possible, à moins qu'on ait prouvé le contraire ! »

Cette démarche en est une d'ouverture, elle restreint moins les possibilités.

C'est comme si on voulait mettre l'océan dans un dé à coudre. L'océan peut entrer dans un dé à coudre. Prenons un échantillon d'océan, mettons-le dans un dé et analysons les deux, l'eau dans le dé et l'eau dans la mer. Les deux analyses démontreront les mêmes composantes !

Pensez-vous vraiment que la tête est plus intelligente que le cœur ?

Mon expérience me dit continuellement le contraire. Elle l'exprime sérieusement en moi et chez mes clients depuis de nombreuses années.

Une maman aimante ne trouve-t-elle pas des solutions inédites pour soulager son enfant, alors que les livres nous proposent des recettes infaillibles qui changent continuellement avec les modes ?

L'inspiration véritable vient du cœur.

Elle est issue de l'intention sincère de celui qui recherche la vérité.

L'inspiration est davantage liée au côté droit du cerveau.

Sur Internet, on fait souvent circuler des citations de Dominique Blondeau, une romancière québécoise d'origine française.

Elle m'a déjà dit : « Lorsque je me relis, je me demande où j'ai bien pu aller chercher ça ! »

L'inspiration est souvent surprenante. C'est comme si « une partie divine » de nous savait ce que la partie logique ou cognitive ne sait pas encore. Après quelques années de pratique et de méditations fréquentes, on a de plus en plus accès à ces inspirations. Et avec encore de la pratique, on peut arriver à leur faire entièrement confiance. La seule chose à vérifier est la beauté de l'intention.

Lorsque cela se présente pour moi, c'est très facilement identifiable : « je vois clair » dans une situation donnée naturellement. Dans ces instants, ce qui se passe est en parfaite harmonie avec ce dont moi ou mon client avons besoin. Cela fonctionne parfaitement. Là se trouve le véritable pouvoir du moment présent.

C'est accessible à chacun de nous qui le souhaite vraiment, et si l'énergie de la personne n'est pas obstruée par les mémoires déchirantes et les programmations dépassées.

Bien sûr, par la suite, l'individu devant moi peut réfuter, fuir ou accepter ce qui se passe. Il peut choisir de se montrer responsable ou non, ce choix lui appartient.

Certaines personnes plus sensibles sont tout à fait en mesure de percevoir « ce qui se passe ».

J'ai appris à ne pas juger ces inspirations en fonction des réactions ou des résultats. La vie suit son cours, l'individu fait ses choix, mais la fréquence continue de faire son œuvre. Souvent, après une longue période, il arrive que les gens reviennent me dire que « ça a continué à faire son chemin en eux ».

Eckhart Tolle l'exprime très bien au début de son livre *La nouvelle terre*. Dans les premières pages, il traite du dysfonctionnement en héritage ; je l'interprète comme étant la dualité qui prend naissance dans notre histoire. Il avance par la suite que cette dualité serait le péché originel. Que la traduction véritable du mot péché est « manquer le but », «vivre maladroitement et aveuglement et par conséquent souffrir et faire souffrir». Plus loin, il soutient que lâcher prise est parfois «un acte bien plus puissant que celui de se défendre ou de s'accrocher».

Une femme d'affaires que je connais m'a confié qu'elle regarde chaque jour la photo de sa sœur décédée d'un cancer afin que celle-ci l'aide à trouver la force de continuer.

Est-ce qu'elle manque le but?

Elle n'écoute pas son corps. Si elle est fatiguée, elle pourrait tout simplement se reposer. À l'inverse d'un processus qui respecterait son énergie, elle prie sa sœur de l'aider à continuer malgré la fatigue.

C'est une expérience qui ne lui amène que des joies temporaires et épuisantes.

Pour trouver le confort, si c'est ce qu'elle souhaite, elle devra lâcher prise. Sinon son corps va la diriger vers ce lâcher-prise lorsqu'elle sera à bout de ressources énergétiques.

Personne n'est plus fort que la vie. Nous n'avons pas à nous mesurer à elle.

Nous sommes la vie.

Avoir le sentiment d'en faire partie est beaucoup plus agréable. Ce sentiment se manifeste lors des lâcher-prises. On se voit faire beaucoup de chemin en suivant le cours de la rivière au lieu de nager à contre-courant.

Je le sais, lorsqu'on pense que notre survie dépend de ce lâcher-prise, c'est comme si on entendait que nous devons mourir afin de bien vivre. Cela n'est pas évident.

Pas évident mais essentiel.

Ce lâcher-prise permet de créer un vide nécessaire pour que l'inspiration surgisse.

C'est la vibration du cœur qui produit cela.

L'ouverture à l'autre est essentielle pour se connaître soi-même.

Nous ne savons pas qui nous sommes. Lorsque nous exprimons nos vulnérabilités, nous voyons vite que nous avons presque tous les mêmes peurs. Les mêmes sentiments.

Nous les cachons aux autres, car nous les voyons comme des parties faibles de nous-mêmes. Nous nous privons de la réflexion créée en partage avec l'autre et aussi du miroir magique de la guérison.

Je pense que le Frère André, connu pour avoir réalisé nombre de « miracles », avait tout simplement trouvé cette même fréquence de cœur qui ouvre la porte à la guérison. Sa simplicité était désarmante et attirait la confiance des gens.

Si Jésus a vraiment dit : « Faites ceci en mémoire de moi », je pense qu'il a voulu dire d'aller chercher cette même fréquence afin d'aider à la guérison…

La guérison se trouve sur une fréquence particulière. Le véritable secret est qu'il nous faut trouver cette fréquence en nous afin de nous rapprocher du divin. L'intention d'ouverture doit être sincère afin de permettre à la vérité d'émerger. C'est une fréquence en harmonie avec la Vie où l'individu peut se sentir en parfaite cohérence avec sa propre vie.

Cette expérience est excessivement réjouissante. Pouvoir la répéter à volonté est aussi source de joie continuellement renouvelée. Comme si une plus grande vérité passait par cet état.

Par ma pratique, j'enseigne aux individus comment y accéder.

Mon ami Pierre dit que c'est « grisant ».

Mon amie Ginette dit qu'on se sent comme si on avait bu un verre de vin. Mais pas deux.

C'est une portion de nous qui émerge naturellement. L'inspiration est extrêmement logique lorsque l'individu est en équilibre dans son corps. Par contre, elle peut être excessivement néfaste dans le cas de certaines maladies mentales alors que la personne est en déséquilibre énergétique.

J'aime bien répéter ce que j'ai déjà entendu et qui fait sourire. «Si tu parles à Dieu, tu fais une prière, mais si Dieu te parle, c'est une psychose.»

L'inspiration véritable est issue d'une quête sincère. C'est notre partie divine qui nous la livre naturellement.

Dans le livre *Guérir*, de David Servan-Schreiber, à la page 64, les mots d'une enfant sont cités: «Quand je stresse, je rentre dans mon cœur et je parle à la fée qui est dedans. Elle me dit que ça va bien se passer et parfois elle me dit ce que je dois dire ou ce que je dois faire.»

C'est l'intelligence du cœur.

La méditation permet de s'ouvrir à cette partie de nous qui a le potentiel de savoir.

Chapitre 12

L'hypnose thérapeutique

Lorsque j'utilise l'hypnose thérapeutique, j'amène les gens à se détendre, à aller vers un état alpha. Ils ne dorment pas, ils peuvent bouger et même parler… Ils sont simplement détendus. La résistance du cerveau gauche étant moins grande à cause de l'apaisement, ils ont accès à leurs réponses émotionnelles.

Il s'agit d'un état naturel par lequel nous passons chaque nuit avant de nous endormir. Et nous nous réveillons le lendemain. Lorsque vous réalisez que vous venez d'arriver à votre domicile sans en avoir vraiment pris conscience, vous avez conduit votre véhicule pour rentrer chez vous de façon machinale. Sans y réfléchir, vous vous êtes arrêté aux feux de circulation, mis le clignotant sans vraiment vous en rendre compte… Vous étiez en transe !

Lorsque vous faites des dessins magnifiques sans réfléchir, votre cerveau gauche n'y étant pas pour vous critiquer, vous êtes en transe !

J'ai déjà vu toute une classe réussir du premier coup un dessin complexe grâce aux techniques de dessin du docteur Betty Edwards, *Dessinez grâce au cerveau droit*[4].

---

4. Le docteur Betty Edwards est l'auteure du livre *Drawing on the Right Side of the Brain*; voir son site Internet à http:/ / www.drawright.com /

Freud lui-même utilisait les services d'un hypnologue pour trouver les sources de conflits intérieurs de ses patients.

J'ai traité deux médecins français qui disaient qu'il y a présentement en France une très grande ouverture chez les médecins à étudier l'hypnose. Ils avaient tous les deux suivi leur formation en hypnose thérapeutique et avaient déjà commencé à bénéficier pour eux-mêmes de quelques interventions. Ils y voyaient là de grandes possibilités.

Ici, au Québec, il est pratiquement impossible de faire équipe avec la médecine conventionnelle. Toutes mes tentatives en ce sens, qui se sont échelonnées sur plusieurs années, ont échoué.

La médecine conventionnelle est experte en mécanique humaine. À certains moments de notre vie, toute cette spécialité peut grandement servir. La science est importante en ce sens. Toutefois, la maladie fait partie du corps humain. Et l'humain est un être émotif ET mécanique.

Ayant déjà eu comme cliente une jeune femme médecin, je me dis qu'il y a peut-être de l'espoir à l'horizon. Peut-être que, un jour, ceux qui traitent les émotions auront davantage de crédibilité.

En attendant, le Collège des médecins interdit à ses membres de référer des clients (patients) à tout genre de thérapies naturelles. En effet, aucune étude scientifique sérieuse n'a établi la crédibilité des interventions de ces médecines naturelles.

Il faut bien dire que je ne connais personne qui a envie d'investir de l'argent dans des recherches qui ne vendront pas de produits pharmaceutiques ou autres. Alors, possiblement que ces recherches n'auront jamais lieu.

Mais, peu importe, je comprends le Collège des médecins de vouloir agir avec prudence.

En France, où il faut être médecin pour pratiquer l'hypnose, les médecines alternatives y sont pratiquées par des médecins. De cette manière, médecines alternatives et conventionnelles font équipe!

À Sherbrooke, le docteur Ghislain Devrœde, qui utilise l'hypnose thérapeutique, a écrit le livre *Ce que les maux de ventre disent de notre passé*.

Il affirme avoir choisi de faire de la médecine « dure », mais il souhaite la faire le plus « doucement possible ».

Il y a déjà eu diffusion, à l'émission *Enjeux* sur Radio-Canada, d'un reportage d'une heure où on montrait des opérations faites sous hypnose. Une dame opérée disait au médecin durant l'intervention de bien tirer sur la peau. En Europe, certains hôpitaux privilégient l'hypnose comme méthode de contrôle de la douleur. Il y a moins d'effets secondaires dus aux médicaments.

Ici, beaucoup de dentistes, qui suivent des formations en hypnose, ne vous le disent pas forcément, mais ils utilisent des techniques d'hypnose pour aider à faire baisser l'anxiété du client.

Une école, à Montréal, se spécialise en naissance sous hypnose. On donne une formation très simple d'hypnose à la future maman et à son conjoint afin qu'elle puisse accoucher dans le plus grand confort possible.

Ici, malheureusement, l'hypnose est mal perçue, elle fait peur.

Un jour, alors que je parlais brièvement de mes traitements en hypnose thérapeutique, un homme m'a coupé la parole et m'a dit : « Il faut être ouvert à l'idée ! » Je lui ai répondu qu'un homme qui bégaie depuis un quart de siècle et qui en a vraiment assez n'a rien à perdre à s'ouvrir !

C'est généralement le cadeau que nous offre la maladie.

L'hypnose thérapeutique n'a rien à voir avec le spectacle. Ce sont des techniques simples, apprises par l'hypnologue, qui permettent la détente de l'individu.

L'hypnose, c'est toujours de l'autohypnose. Vous décidez de suivre les indications de la personne qui fait des suggestions jusqu'à ce que vous ne souhaitiez plus suivre ses indications. C'est tout.

Si nous sommes en voiture et que je connais la route, je vous dirai tourne à droite, très bien, continue… À tout moment, vous pouvez décider d'arrêter de suivre mes instructions. Le cas échéant, vous n'êtes pas en train de dormir, vous êtes en train de conduire. Vous acceptez tout simplement de vous laisser diriger, jusqu'à ce que vous ne le souhaitiez plus. C'est tout simple et tellement efficace !

Votre énergie connaît votre histoire ; elle peut ainsi se diriger vers les sources de conflits pour les faire disparaître.

Je vous donne un exemple : une femme, pleine de peurs de toutes sortes, vient me consulter. Nous décidons ensemble d'utiliser une technique d'hypnose pour trouver la source du conflit qui l'habite. Après quelques minutes, alors que lui apparaît la scène qui l'a marquée au fer rouge, elle se met à rire (cela arrive assez souvent). Voici ce qu'elle a découvert.

Ses parents, étant de nature très inquiète, lui disaient de faire attention à tout et à tous, en tout temps. Son schème de référence était qu'il faut vraiment se méfier de tout. L'oubliant quelques instants, elle ouvre spontanément alors qu'on vient de sonner à la porte. Des ténèbres surgit une épouvantable sorcière, car c'est Halloween ! Du haut de ses cinq ans, elle est tétanisée... mais hilare en revoyant la scène avec une perspective plus large, soit celle d'une adulte. Le lendemain, elle m'écrivait un courriel pour me dire à quel point l'expérience lui avait fait du bien.

La source de ce conflit était partie.

Lorsque la source est connue, le conflit ne revient pas. Parce qu'on ne peut plus faire semblant qu'on ne sait pas lorsqu'on sait. Parce que le cerveau, qui fonctionnait jadis avec des compréhensions enfantines, est maintenant mature.

Toutefois, il arrive qu'un conflit intérieur soit comme un oignon avec ses pelures. Une fois la première pelure enlevée, il y a les autres !

Une fois que je consultais pour moi-même, mon thérapeute de l'époque m'a demandé : « Que crois-tu qu'il se passera lorsqu'on aura délogé ton écharde ? »

Je lui réponds naïvement : « Si cette expérience m'a fait du bien, alors je chercherai quelle est l'autre blessure à guérir. » Il me sourit et me répond : « Ne t'inquiète pas, tu n'auras pas besoin de chercher, ça va te sauter au visage ! »

Pourquoi ? Parce que notre énergie ne demande que cela, que nous fassions le ménage.

C'est ce que notre âme souhaite pour nous, la liberté d'être!

Mais c'est si difficile, car cela impliquera peut-être de ne plus être loyaux à nos parents!

Lors d'une conférence sur la biologie totale, on donnait cet exemple que j'ai trouvé intéressant. Imaginez que vous avez une maison et que vous n'en faites jamais le ménage. Après un certain temps, les portes et les fenêtres s'ouvriront difficilement, la poussière s'accumulera… vous aurez du mal à respirer. Les malaises et les maladies sont comme des sacs à ordures contenant les mémoires de votre passé. Si vous ouvrez la porte au nettoyage de votre maison, vous ouvrirez la porte à vous sentir mieux.

Tout votre être ne demande que cela, le bonheur!

Malheureusement, nos schèmes de référence refusent souvent que nous entrions en contact avec les malaises. Ils sont à nos yeux des signes de vulnérabilité associés à la honte.

On me demande souvent: « Êtes-vous bien certaine que ce que je vous dis restera entre nous? » Le cas échéant, je sors mon code d'éthique.

Mais je reste profondément convaincue que les gens qui n'ont plus cette peur de dévoiler leur vrai moi sont plus libres et en santé. C'est la notion essentielle de la formation que j'offre.

Malheureusement, nos schèmes de référence ne nous ont pas appris que nous pouvions être responsables de notre vie et que nous pouvions faire du ménage. Nous avons appris à avoir terriblement peur du jugement des autres. Nous pensons souvent à tort qu'il faudrait être parfaits pour être aimés. Mais qui est parfait?

Je connais quelques personnes qui prétendent être parfaites et, croyez-moi, il est parfois très difficile de les aimer! Difficile car elles sont rarement dans la joie de vivre, dans le laisser-aller.

Elles sont davantage dans le désir du contrôle de la situation, donc dans la peur.

Woody Allen nous livre depuis toujours ses angoisses, ses névroses; il fait rire, il amuse.

Chaplin aussi montrait sa maladresse et sa vulnérabilité. Il n'était pas parfait.

Mais il en a touché des gens, il en a soulagé des cœurs.

C'était un beau travail, même si le soulagement durait seulement le temps d'un film.

Chapitre 13

Les techniques de libération émotionnelle

Lorsque nous sommes petits, nous sommes complètement ouverts à la vie. Nous sommes des éponges de perception de l'énergie qui nous entoure.

Certains événements vécus ou ressentis viennent perturber la libre circulation de notre énergie.

En utilisant cette émotion de manière adéquate, en la laissant s'exprimer au lieu de la réprimer, il est possible de permettre au barrage énergétique de céder pour que l'énergie puisse à nouveau circuler convenablement. Toutefois, il ne suffit pas d'exprimer l'émotion, il faut libérer l'énergie bloquée.

La médecine traditionnelle chinoise établit un lien très net entre les émotions et le malaise, car celles-ci passent par le corps. En médecine chinoise, on appelle méridiens les chemins énergétiques du corps. Et, sur ces voies, certains points d'acupuncture sont directement reliés aux émotions.

Un « outil universel de guérison » par la libération des émotions a été proposé par l'ingénieur Gary Craig qui n'arrivait pas à comprendre pourquoi peu de résultats émergeaient des thérapies longues, douloureuses et coûteuses. On appelle cet outil « techniques de libération des émotions» (Emotional Freedom Techniques). Craig a écrit: «La cause de toute émotion négative est une perturbation du système énergétique corporel. »

J'utilise très souvent ces techniques de libération émotionnelle. Il suffit de taper légèrement avec le bout des doigts sur des points d'acupuncture précis qui sont liés directement aux émotions désagréables en demandant à l'individu d'exprimer ce qui lui est difficile à vivre.

Cela ne fonctionne pas chaque fois. Cependant, dans la majorité des cas, ce traitement rapide donne des résultats renversants. Les individus expérimentant cette intervention sont surpris du soulagement provoqué par la libre circulation de l'énergie.

Lorsqu'une personne est en mesure de ressentir ce qui se passe en elle, elle peut arriver à déloger en quelques minutes seulement des émotions bloquées depuis très longtemps. Souvent, il n'est même pas nécessaire qu'elle parle de ce qui la chagrine. Simplement y penser peut faire le travail!

Ainsi, une culpabilité envahissante, une phobie désarmante, ou même l'automutilation peuvent s'évaporer comme par magie dans certains cas.

Les résultats seront meilleurs si l'individu est en mesure de se laisser aller à ressentir. Pour les individus plus rationnels (côté gauche du cerveau), les résultats sont moins assurés.

« C'est un phénomène courant dans l'histoire de la médecine. Quand de grandes percées ont été accomplies avant qu'une théorie ne puisse les expliquer, elles ont systématiquement rencontré une résistance violente de la part des institutions. Surtout si le traitement était "naturel" ou semblait "trop simple". » (Extrait du livre *Guérir* de David Servan-Schreiber, à la page 110)

Le même auteur dit aussi à la page 47 de son livre *Anticancer* qu'avant sa maladie, « mon rationalisme confinait à l'obtus […] J'étais presque choqué de voir que la femme avec laquelle j'allais vivre s'intoxiquait de balivernes et d'"opium du peuple" ».

On met facilement sur le compte de la rationalité notre fermeture d'esprit. Mais cette fermeture n'est-elle pas davantage guidée par l'émotion de la peur ?

Si je pense que je ne risque rien, alors je m'ouvre ! Les enfants sont ouverts et curieux du monde qui les entoure. On leur inculque la peur, on leur propose des idées toutes faites et ils s'y conforment.

Ils n'ont pas le choix, ils doivent vivre dans ce clan familial, dépendre entièrement de celui-ci.

Chapitre 14

La pratique énergétique

En faisant un travail énergétique, je fais souvent peur à certains individus – ceux qui sont fiers d'être rationnels – particulièrement à ceux qui se sentent bien « en contrôle ». Ils sont devenus logiques comme des ingénieurs et pensent qu'énergétique rime avec ésotérique, utopique ou déconnecté !

Malheureusement, c'est parfois vrai.

Le travail d'un ingénieur, par exemple, est de trouver des solutions. Le travail d'un thérapeute, s'il est honnête, c'est aussi de trouver des solutions.

Si vous êtes toujours rendu au garage, c'est que votre mécanicien n'est pas compétent. Selon moi, il en va de même pour la thérapie.

Je le répète. Tous les êtres humains sont énergétiques. Nous prenons de l'énergie par l'air, par l'eau, par la nourriture et par le contact avec les autres. Nous transformons cette énergie et cela nous permet de vivre. Notre cerveau nous aide à faire des transformations. Parfois, notre cerveau émotif (nos peurs) nous empêche d'évoluer comme nous le souhaitons.

Nous devenons, à certains moments de notre vie, « des êtres encadrés » dans des processus limitatifs, recréant à répétition certains « patterns de vie », certaines relations, certains malaises. La pratique énergétique vise tout d'abord à « recadrer », puis à « décadrer » nos façons de voir, de ressentir, de faire, afin d'exprimer qui nous sommes vraiment.

Nos schèmes de référence se transforment et deviennent plus souples, plus légers et à la fois plus solides. Un sentiment de confort peut ainsi nous aider à voir la vie de manière plus lumineuse.

Une fois le processus amorcé, l'individu éprouve généralement un enthousiasme réel à le poursuivre, car il ressent à l'intérieur de lui qu'il est lui-même un élément important du processus créatif de l'univers.

La quête de vérité, qui passe inévitablement par la mise en échec de certaines fausses vérités, nous amène donc à guérir le corps physique. Et cette quête devient, pour celui qui le souhaite, une démarche spirituelle qui peut mener à des découvertes fascinantes et ininterrompues.

Le corps, c'est donc de l'énergie en action. Comme toutes les formes d'énergie, celle-ci circule. Lorsqu'il y a déséquilibre, l'énergie est en trop, elle est bloquée, ou elle est manquante.

La pratique énergétique telle que je l'enseigne propose deux éléments essentiels. Faire de l'ordre dans ce qui fait en sorte que nous perdons de l'énergie, et ajouter de l'énergie par différentes techniques. Imaginez un contenant d'énergie, tout d'abord on bouche les trous, ensuite on remplit d'énergie.

Comprendre, identifier et exprimer un traumatisme ne suffit pas, car ces actions sont liées au côté gauche du cerveau. Identifier et parler d'une difficulté peut faire partie du processus. Mais ce n'est pas suffisant.

Identifier veut dire poser un diagnostic. Ensuite, il faut poser des gestes d'intervention. Analyser une blessure ne la guérit pas non plus.

Disséquer une blessure ne la fait pas guérir, ça ne fait que prolonger le processus difficile !

Si nous ne faisons que parler de ce qui nous fait mal, c'est comme si nous tournions continuellement le fer dans la plaie. Si notre vision est limitée à ce qui nous fait mal, il sera difficile, voire presque impossible, de la changer.

On ne peut pas savoir ce qu'on ne sait pas !

Nous pouvons difficilement trouver par nous-mêmes les réponses qui pourraient nous empêcher de tourner en rond. Nous n'avons pas assez de recul.

Plusieurs démarches impliquant l'analyse des blessures nuisent à la guérison. Il se crée souvent une relation où on peut se sentir important de souffrir. Ainsi, si l'individu tire satisfaction de son malaise, il ne sera pas trop tenté d'en sortir.

Si je souhaite comprendre et guérir, j'émets une intention du cœur. Le cœur est beaucoup beaucoup plus intelligent que la tête ! La tête sera un serviteur fidèle au cœur, c'est sa tâche. Nos détresses viennent du mouvement inverse dans nos sociétés.

Nous pensons que notre tête est ce que nous avons de plus important et nous mettons notre cœur de côté. Alors, nous souffrons.

La pratique énergétique que je propose fait de l'ordre dans tout cela.

Assez facilement, le malaise s'évapore. L'énergie en soi, qui ne souhaite que cela, peut retrouver l'équilibre. Ainsi, le cœur est content.

Par la pratique énergétique, il est non seulement possible de nous guérir de plusieurs malaises, mais aussi de faire grandir le potentiel qui nous est propre, pour ensuite devenir autonome dans la quête d'informations et de guérison.

Le tout devient de plus en plus solide, léger et l'être devient heureux au quotidien.

Chapitre 15

Les entraves à la liberté

Si j'avais une baguette magique, je sortirais hors des individus ce qui, selon moi, s'avère être les deux plus grandes sources de conflits.

La première chose que je bannirais de l'énergie humaine, ce sont les attentes.

D'abord les attentes qui affirment que nous ne serons heureux qu'à certaines conditions. Ces conditions appartiennent au futur, à la réponse de l'autre, à la non-responsabilité de choisir le bonheur ici et maintenant.

Les instants de bonheur sont simples et se trouvent lorsque nous sommes présents, donc ouverts à ce qui est déjà là.

Pourquoi vivre l'enfer et attendre de mourir pour vivre le ciel?

Les attentes reportent le bonheur à un moment ultérieur.

Les attentes le rendent impossible ici et maintenant.

Vos attentes ne pourront jamais être devinées par qui que ce soit, car elles font partie d'un imaginaire, et cet imaginaire est uniquement le vôtre. Si vous ne pouvez pas voir continuellement ce qui se passe à l'intérieur des autres individus qui vous côtoient, ils ne peuvent pas le faire eux non plus. Libre à vous d'en être heureux ou malheureux.

Si je m'attends à ce que l'autre m'offre ceci ou cela, je serai tout le temps déçue et malheureuse. Une personne déçue est forcément une personne qui avait des attentes.

C'est quelqu'un qui n'a pas encore pris la responsabilité de son propre bonheur.

Ici, au Québec, lors d'une émission télévisée, Janette Bertrand, écrivaine et animatrice, a interviewé différentes personnes afin de savoir si elles étaient heureuses. Si celles-ci étaient heureuses, elle leur demandait : « Comment avez-vous fait pour devenir heureux ? »

La réponse était toujours la même : « Je l'ai choisi ! »

Nous avons le privilège d'expérimenter différentes choses sur notre planète du libre arbitre.

Il nous faut en faire le choix.

Et le bonheur n'est pas dans le passé ni dans le futur, il est dans le présent.

Je vous recommande la lecture du livre *Le pouvoir du moment présent*, écrit par Eckhart Tolle.

Nous avons un corps qui nous permet de vivre des émotions agréables ou désagréables.

De grandes quantités de relations sont conflictuelles, car les attentes ne se transforment pas en ententes potentielles à cause du fait qu'elles ne sont tout simplement pas énoncées. Ainsi, elles ne peuvent être respectées. Si elles sont énoncées, elles doivent être approuvées par les personnes impliquées pour devenir des ententes réelles. S'attendre à ce que l'autre comprenne et accepte amène aussi son lot de difficultés.

Si vous considérez comme acquis que l'autre est d'accord, ou bien s'il vous dit qu'il n'est pas d'accord mais vous ne voulez pas entendre sa réponse, le conflit sera éventuellement inévitable.

Si vous avez des attentes, un coupable sera dénoncé : il sera jugé sévèrement pour un crime qu'il ne sait peut-être pas être un crime et qu'il n'a pas commis. Les attentes créent des situations conflictuelles et dommageables pour les individus.

Être responsables de notre propre bonheur implique que nous ne jugeons pas l'autre pour nos malheurs, quels qu'ils soient. Si vous choisissez de le faire, votre corps déclenchera le signal de son désaccord.

Plusieurs liens familiaux sont tissés avec des fils entremêlés d'attentes et de situations décevantes.

Certaines civilisations se font la guerre parce que le peuple X s'attend à ce que le peuple Y se plie à ses attentes. Nous vivons à une époque qui affirme que les possessions, la reconnaissance, le travail acharné devraient nous donner le bonheur. Nous sommes en perpétuelle quête de ce bonheur qui est déjà potentiellement en nous. Tout simplement.

J'ai traité une femme magnifique qui m'affirmait avoir tout ce que tout le monde recherche afin d'être heureux. Elle était extrêmement belle, jeune, avec une condition sociale prestigieuse, une carrière intéressante. Elle se déplaçait en première classe afin d'aller voir ses amis (artistes ou athlètes ayant des réputations mondiales). Elle s'achetait des sacs à main plus chers que l'ensemble des sacs à main que je ne m'offrirai jamais dans toute ma vie.

« J'ai tout ce que les gens désirent, mais je suis excessivement mal. »

J'espère qu'elle va mieux aujourd'hui. J'espère qu'elle est heureuse. Qu'elle a enfin trouvé sa véritable place et qu'elle exprime ce qu'elle est vraiment.

Un célibataire dans la cinquantaine, que j'ai reçu en consultation, me confiait sa difficulté à rester en relation amoureuse. Il aurait voulu, plus que tout, une épouse aimante et des enfants. Les attentes qu'il avait envers ses copines étaient si lourdes que les femmes ne restaient jamais très longtemps en relation amoureuse avec lui. Il m'a raconté qu'un jour, alors qu'il était en voyage, il avait trouvé, lors d'une soirée, la compagne idéale de tango. Toute la nuit je crois, il a insisté pour qu'elle danse avec lui.

Il recherche cet idéal extérieur à lui afin d'être heureux dans sa vie.

J'ai tenté de le lui dire de plein de façons possibles, mais il ne m'entendait pas. (Il était sourd d'une oreille.)

« Tu ne cherches pas le bonheur à la bonne place… La sensation d'être repu se trouve à l'intérieur de toi ! Tu la recherches dans les buffets ! Comme lorsque tu racontes l'expérience de la fille avec laquelle tu voulais toujours danser le tango… Il n'y a pas de mal à cela mais ça te garde dans ta quête… Pour moi, **je garderais en mémoire "le tango de ma vie" et je m'en nourrirais chaque fois que je le souhaite**. Tu vois la différence ? Cela me permet d'être libre, autonome et repue ! Et je reste ouverte à l'idée de pouvoir vivre un autre tango, avec éventuellement une autre personne (et un peu plus de pratique, on s'entend). Le cas échéant, je peux être dans la gratitude du bouddha ! Cesse de penser que l'autre peut te rendre heureux et trouve ce bonheur en toi ! C'est ton défi… il est de taille mais je pense que tu peux y arriver. »

Malheureusement, cette réponse n'était pas celle qu'il voulait entendre.

Si j'ai droit à un autre coup de baguette magique, je l'agite afin de faire disparaître la culpabilité.

Si on trace une ligne, généralement la culpabilité fait opposition à la prétention.

Certains humains n'arrivent pas à admettre que leurs comportements peuvent créer des difficultés chez les autres. Ils prétendent ainsi qu'ils ne sont responsables de rien.

Généralement, ces individus font équipe avec un ou des partenaires qui se sentent facilement coupables et continuellement responsables du bonheur de l'autre.

Souvenez-vous, le bonheur est un choix d'individu.

Laissez-moi vous raconter l'histoire de cette merveilleuse personne que nous nommerons S.

Elle est venue au monde dans une famille de joueurs compulsifs. Chaque fois qu'elle allait mieux et ne jouait pas tout son argent, sa famille la dénigrait, comme si elle était une vilaine.

Lorsqu'elle retombait dans ses problèmes, ils l'accueillaient à bras ouverts.

S avait fait, des années durant, des démarches incroyables afin de se sortir de ses difficultés.

Il ne lui manquait que le dernier petit coup de pouce pour trouver la paix.

« Je sais très bien qu'il faut vraiment choisir de s'en sortir. Il m'a été impossible d'y arriver avant d'avoir réellement fait ce choix, et ce, malgré toute l'aide qui m'a été offerte. Je sais donc très bien que je ne peux rien faire de plus pour eux s'ils ne font pas le choix de se sortir de l'impasse. Tous mes efforts en ce sens ont d'ailleurs lamentablement échoué. Mais je trouve difficile de me séparer des gens que j'aime le plus. Et je suis terriblement malheureuse en leur compagnie lorsque je vais bien. Je me sens coupable. »

C'est souvent le sentiment de culpabilité qui amène les déviances.

Je lui ai expliqué ceci. « Imagine un champ, mais dans le champ il y a des excréments de vache. Plusieurs petits poussins y sont installés bien au chaud en même temps que dans l'inconfort de l'environnement. Si un des poussins choisissait de dépoussiérer son duvet et de devenir libre, ne crois-tu pas qu'il pourrait montrer ainsi aux autres que c'est possible de devenir léger et de découvrir de nouveaux horizons ? Si tu es ce poussin qui se libère, pourquoi ne montres-tu pas aux autres que s'ils le choisissent, eux aussi peuvent faire le choix d'être heureux ? »

« Pourquoi te sentir coupable d'aller bien ? Ne penses-tu pas que tu ne peux rien faire de mieux pour les gens que tu aimes ? » Son visage s'est éclairé et, rayonnante, elle m'a dit : « J'ai tellement hâte de raconter tout cela à mon conjoint. Ça faisait une éternité que je tournais en rond avec ma culpabilité. »

On dirait parfois que les individus se divisent en deux : il y a ceux qui tombent du côté de la responsabilité et ceux qui tombent du côté de l'irresponsabilité.

Généralement, ceux-ci ne consultent pas.

Ils « attendent » qu'on soit compréhensifs envers eux, et qu'on leur apporte le bonheur.

Mais ils ne sont jamais réellement contents.

Il y a les autres, les très responsables, qui se sentent coupables lorsque les autres ne sont pas heureux. Ils s'épuisent à tout faire afin de ne pas se sentir coupables, mais c'est peine perdue, ils le sont toujours, constamment.

Qui a donc décidé que culpabilité il y avait ? Qui est ce juge intraitable qui décide toujours de la culpabilité ? Ce juge est en nous, il nous a été induit au cours de notre enfance. Il est entré sournoisement par les chemins détournés des programmations familiales, historiques ou sociétales.

On peut abuser fortement et longtemps de quelqu'un qui se sent coupable.

Afin de ne pas trop ressentir cette émotion désagréable, cette personne fera des efforts et encore des efforts.

Si un très jeune enfant marche dans votre direction et trébuche, allez-vous le juger sévèrement alors qu'il tente de prendre de l'expérience ? Si vous êtes aimant, vous allez le réconforter, lui dépoussiérer le derrière et l'encourager à reprendre son chemin.

Nous ne pouvons savoir à l'avance ce que nous ne savons pas. Mais lorsque nous savons, nous ne pouvons plus faire semblant que nous ne savons pas.

La culpabilité vient du juge qui est en nous. Et ce juge semble avoir un penchant pour nous juger coupables. Je ne connais pas de juge intérieur qui soit compatissant. Le cas échéant, on ne le nommerait pas juge mais ami compréhensif.

Seriez-vous capable de devenir votre meilleur ami ? D'être réconfortant et encourageant pour vous-même, surtout lorsque vous empruntez de nouvelles voies que vous ne connaissiez pas encore ? Si vous cessez de juger (vous et les autres), le juge intransigeant prendra ses vacances, emportant probablement dans ses valises vos problèmes digestifs.

Une fois, alors que j'étais en vacances, j'ai rencontré un ingénieur qui ne pouvait parler sans juger sévèrement les gens qu'il croisait. C'était particulièrement désagréable, car il venait souvent s'asseoir à ma table. Je lui ai dit que c'était bien dommage de le voir juger ainsi ce qu'il ne connaissait pas, c'est-à-dire les comportements émotifs des autres. Il jugeait avec colère, je dirais même avec « acidité ». Il était donc dans l'émotion désagréable de la colère et jugeait les émotions désagréables des autres. Être dans une énergie d'agitation afin de calmer l'agitation est chose fréquente, mais cela donne peu de résultats.

L'énergie d'agitation fait en sorte que notre tête tourne en rond dans sa confusion. L'énergie d'action est une énergie calme et forte. Elle se trouve sur une fréquence particulière.

Lorsqu'on a suffisamment passé de temps en soi à rechercher cette fréquence énergétique, on peut l'identifier facilement et il devient possible de la syntoniser à volonté. Si vous lisez *Les quatre accords toltèques ou la voie de la liberté personnelle*, de Don Miguel Ruiz, peut-être pourrez-vous ressentir la beauté de l'énergie qui en découle.

Chapitre 16

Bye-bye peur

Il y a plusieurs façons de dénouer la peur.

Premièrement, il faut tenter de savoir de quoi on a peur. C'est fou à énoncer, mais je vois souvent des gens qui ont peur d'avoir peur de… mais ils ne le savent pas !

Ils ont juste tellement l'habitude de la peur que leur système nerveux reste en alerte, parce qu'ils ont oublié de le débrancher.

Certaines personnes ont vécu des événements traumatisants durant leur enfance à un moment où ils étaient détendus. Ils ont parfois compris (c'est une fausse vérité) que le malaise vient du fait qu'ils n'ont pas été suffisamment vigilants à ce moment précis. Comme si le fait de baisser la garde était en soi une menace. Alors, ils se sont habitués à rester en état d'alerte, comme si cet état pouvait « prévenir les coups ». Il n'en est rien. Cet état d'alerte amène tout simplement notre imaginaire à supposer le pire.

De quoi avons-nous peur ?

De vivre ? De mourir ? De souffrir ?

Nous souffrons pourtant de ce qu'occasionne la peur. Nous souffrons continuellement parce que nous avons peur que la vie nous fasse souffrir !

Qu'y a-t-il de logique à tout ceci?

La peur amène notre vie dans un entonnoir, la peur fait resserrer notre énergie, la comprime. Elle amène déséquilibre et malaises.

Alors que je passais par un moment excessivement difficile de ma vie, il m'a fallu affronter une peur effrayante. J'étais sans revenu, sans emploi et je me séparais de mon conjoint. Un combat terrible s'est installé en moi, j'avais peur de devoir demander de l'aide sociale pour arriver à me nourrir et à me loger.

J'ai vécu l'enfer à l'intérieur de moi. J'ai tenté par tous les moyens (j'y allais même un peu trop fort) de trouver du travail. Un jour, à bout de force et de ressources, j'ai décidé de lâcher prise. S'il me fallait me tourner vers l'aide sociale, ce serait tout de même mieux que d'avoir faim!

Que s'est-il passé? L'énergie est tout simplement passée de ma tête à mon cœur, et je me suis enfin apaisée. Je n'ai pas eu à avoir recours à l'aide sociale. Dans une énergie plus naturelle, j'ai obtenu sans effort quelques contrats et j'ai pu ainsi démarrer une petite entreprise…

Si l'énergie de la peur nous enferme, nous restreint, l'énergie du cœur fait le contraire, elle nous ouvre à différentes possibilités.

Dans le livre Le secret, c'est ce qui est énoncé : nous émanons de l'énergie. En amour, nous rayonnons, tout simplement!

Lorsque nous sommes dans la peur, nous sommes magnétiques tout autant, mais nous attirons ce qui nous fait peur.

Et la peur est omniprésente.

Si vous croyez que le fait d'acheter Le secret vous rendra millionnaire, je vous affirme que les livres de recettes ne sont pas tout.

Si la vie et le bonheur relevaient d'une recette unique, on l'adopterait tous et voilà, on n'entendrait plus parler de la peur. La vie ne serait-elle pas d'une platitude incommensurable?

La possibilité d'évoluer viendrait juste de tomber à plat. J'aime bien cette phrase énoncée par une amie: «Venir au monde et prendre les convictions de ses parents, c'est normal. Mourir avec les mêmes convictions ne fait qu'affirmer qu'on n'a pas beaucoup évolué. C'est tout. »

Posez-vous la question suivante : si la pensée magique réglait les problèmes, que souhaiteriez-vous régler ? Quelles peurs pensez-vous se régleraient d'elles-mêmes si vous étiez millionnaire ? Aucune, je vous l'assure. Les gens riches ont les mêmes peurs que vous.

Des chercheurs ont déjà mis dix grands singes dans une cage et ils ont accroché des bananes au-dessus de la cage. Juste en dessous, ils ont placé un escabeau avec un système qui enclenchait une douche glacée aussitôt qu'un des singes touchait la troisième marche. Lorsque tous les singes ont bien compris qu'il ne fallait pas essayer d'attraper les bananes, **les scientifiques ont coupé l'eau** et ils ont échangé cinq des grands singes pour cinq nouveaux. Ceux-ci ont été matés sévèrement par les anciens qui avaient peur de la douche glacée.

Une fois la leçon bien comprise, on a retiré les cinq premiers singes de la cage pour les remplacer par cinq nouveaux. Ceux-ci ont voulu aller chercher les bananes, mais ils se sont fait rabrouer par les singes du deuxième groupe qui étaient déjà sur place.

Se retrouvent donc dans la cage dix singes. Les cinq singes plus anciens ont maté les nouveaux et les ont avisés de ne pas aller chercher de bananes, mais **ils ne savent pas pourquoi ils ont transmis cette information**, car aucun d'eux n'a jamais reçu de douche glacée !

On appelle cela des « informations culturelles ». La peur nous est transmise en héritage, en même temps que diverses programmations durant ce que Don Miguel Ruiz, dans Les *quatre accords toltèques*, appelle notre période de domestication.

Les enfants posent toujours des questions : pourquoi ceci, pourquoi cela.

Les adultes oublient de le faire.

Lorsque je suis allée aider mon ami qui s'occupait d'adolescents en difficulté dans une école secondaire, j'ai demandé aux jeunes de quoi ils avaient besoin. Ils m'ont répondu qu'ils auraient besoin de bouger plus, de se dégourdir...

Mon ami a demandé pourquoi ils ne lui avaient pas dit plus tôt.

Sa question est restée en suspens.

C'est moi qui ai proposé une réponse : parce qu'on ne cesse de leur dire de se taire ! Ils ont oublié qu'ils pouvaient exprimer ce dont ils ont besoin !

Ils ont dit oui, on ne cesse pas de nous dire de nous taire !

Ils étaient « programmés ainsi ».

Imaginons que nous retournons à l'âge des cavernes : certains animaux sont délicieux, d'autres sont excessivement dangereux. Imaginons que certaines plantes peuvent nous guérir et que d'autres peuvent nous tuer. Les programmations culturelles peuvent nous être d'un grand secours si notre vocabulaire est restreint. La vie dépend de ces informations qu'il nous faut absolument transmettre à nos enfants pour assurer leur survie.

Aujourd'hui, toutefois, notre évolution de langage est beaucoup plus élaborée. Seule la peur reste intacte ou contagieuse.

Émettre l'intention de guérir, c'est émettre l'intention de mettre ses peurs à la porte. C'est décider « de risquer le bonheur ».

C'est choisir l'insouciance de l'enfance à nouveau possible en nous.

Non pas l'inconscience, mais la conscience de l'insouciance. Pas de soucis, juste de la conscience.

C'est décider d'écouter nos pensées et nos paroles. C'est décider d'agir malgré la peur et non plus la subir. C'est décider de nous questionner, de dédramatiser ; c'est de faire le ménage du tiroir des idées.

La peur peut s'exprimer par différents énoncés :

« Je n'ai pas le temps, je suis trop occupé, j'ai autre chose de plus important et de plus urgent à faire. »

« C'est très bien ainsi, ça pourrait être bien pire. »

« J'ai déjà essayé et ça n'a pas marché… ou je n'ai pas encore trouvé la meilleure solution, le meilleur contexte. »

« Dès que… lorsque… »

« Je ne me sens pas tout à fait prête… »

« J'en connais qui l'ont déjà tenté. »

« Je ne suis pas assez intelligente, assez jeune, assez éduquée, trop vieille… »

Avec toutes ces phrases, vous passez à côté de différentes expériences qui pourraient vous révéler à vous-même qui vous êtes ! Des expériences qui pourraient vous amener à être plus heureux !

Rappelez-vous que la vie devrait nous servir à vivre différentes expériences afin de nous amener au bonheur.

Pourquoi alors ne répéter que celles qui nous amènent le malaise ?

La peur se résume souvent à ne pas vouloir faire face à ce que la vie nous présente. Mais la découverte de ce que nous sommes passe par le courage de désamorcer ces peurs.

Les mots *cœur* et *courage* sont de la même famille. Étymologiquement, ils sont liés.

La peur donne souvent l'impression qu'il est question de vie ou de mort.

Une de mes amies se posait depuis plusieurs mois la même question face à un choix d'avenir. Lorsque je lui ai dit que sa vie ne dépend pas du bon ou du mauvais choix, elle s'est enfin calmée, et elle m'a souri.

Certaines personnes peuvent rester des mois ou des années entières devant un choix à faire. Tourner à droite ou tourner à gauche ?

Essayez quelque chose ! Et revenez si la route ne vous convient pas !

Tout le temps où vous restez inerte, parce que vous avez peur de faire le mauvais choix, est du temps perdu. Avant d'avoir essayé un chemin, vous n'aurez jamais la certitude qu'il vous convient ou non.

Si vous vivez deux relations amoureuses en même temps, vous ne pourrez pas être entièrement vrai, donc, jamais complètement satisfait. Si vous êtes la moitié du temps sur un continent en train de penser qu'elle serait votre vie sur l'autre continent, vous accédez à 50 % de vos chances de bonheur.

Mettez de côté vos peurs de manquer de quelque chose et vous aurez plus de chances de découvrir l'abondance d'une situation. C'est ce que Eckhart Tolle appelle « le pouvoir du moment présent », si essentiel au bonheur.

Je suis entièrement d'accord avec tout ce que dit Tolle. C'est ce que j'enseigne et que je livre à ma façon depuis bien longtemps.

Einstein a déjà dit qu'il a passé sa vie à se poser les questions des enfants !

Poser des questions est une excellente façon de sortir de la peur.

Par contre, en poser trop… dénote un besoin de fuir la réalité effrayante.

S'habituer au bonheur est parfois difficile. Il peut nous sembler plat. Nous sommes habitués aux montagnes russes de la peur et des autres émotions.

C'est comme si notre alimentation habituelle, toujours trop sucrée, trop salée, trop grasse, nous était retirée. Au début, le raffinement d'un fromage ou d'un grand cru peut nous sembler ordinaire, mais on s'y fait. Une fois notre bouche habituée à la qualité, on ne veut plus s'en passer !

N'oubliez pas que celui qui crie pour faire peur terrorise afin de ne pas démontrer ses propres peurs. Une fois que nous en sommes conscients, c'est moins effrayant.

N'oubliez pas que le courage passe par la peur. Il n'y a pas de courage possible sans la peur.

Les peurs ignorées prennent de plus en plus de place, elles se modifient éventuellement en crises d'anxiété et en crises de panique. Et comme l'émotion est plus forte que la volonté, il ne sert à rien de tenter de la contrôler, il vaut mieux la déloger. Ainsi, on peut récupérer énormément d'énergie qui ne servait qu'au duel intérieur perdu d'avance.

N'oubliez pas que les gens sentent la peur des autres et ils en profitent.

N'oubliez pas que les gens qui ont peur souhaiteront vous en contaminer.

N'oubliez pas que les manipulateurs agissent ainsi, car ils ont peur du rejet.

N'oubliez pas que la honte d'avoir peur ne fait qu'ajouter des émotions désagréables sur les émotions désagréables.

N'oubliez pas que le seul antidote possible est l'action, car plus nous passons outre la peur, plus nous découvrons notre courage et notre valeur profonde.

La peur étouffe généralement la créativité, nous prive de résultats satisfaisants, du bonheur, de la connaissance de soi, des expériences vivantes. Elle nous fait perdre notre estime de soi, elle fait mourir la passion, elle fait fuir le bonheur et tout ce qui est nourrissant.

La peur vient de l'imagination, la réalité étant rarement aussi dramatique que nos pires scénarios.

La peur amène notre cerveau à la suractivité, elle nous amène à l'hypervigilance. Une fois ce processus enclenché, sur une longue période de temps, l'habitude est prise d'y retourner de plus en plus fréquemment, de plus en plus facilement, pour des raisons de moins en moins valables. C'est comme un tourbillon d'émotions d'agitation duquel on ne peut se sortir. Parfois, toute cette agitation semble normale à certains clients qui n'ont jamais vécu autrement ; ils pensent que c'est une preuve d'intelligence de « penser vite et beaucoup ». C'est de l'agitation, tout va vite, mais ça tourne en rond ! C'est hors contrôle !

Si vous apprenez une technique de méditation efficace, elle fera baisser le volume de vos drames intérieurs. Le fait de baisser l'activité cérébrale en mode alpha vous permettra de vous reposer, de lâcher prise et, graduellement, de trouver que la vie est beaucoup plus facile dans cet état. C'est comme si l'habitude de baisser le volume devenait nécessaire à l'équilibre. Éventuellement, vous ne voudrez plus du tout de votre vie en montagnes russes, car vous la trouverez dépourvue d'intérêt.

En ce qui a trait à ma propre expérience, la pratique énergétique visant à défaire de fausses vérités et transformer l'énergie de la personne par différents exercices est ce que j'ai trouvé de plus précieux. L'hypnose thérapeutique et les techniques de libération émotionnelle sont aussi des techniques fabuleuses qui dénouent les sources de conflits intérieurs.

Lorsque je demandais à mes étudiants ce qui avait changé pour eux après une année de pratique énergétique, voici ce qu'un groupe de cinq personnes a confirmé. Elles se sentaient bien outillées, plus solides, plus calmes, plus lucides par rapport aux évènements de la vie. Une femme parmi le groupe s'est débarrassée de tous ses symptômes physiques et elle peut maintenant mieux profiter de la vie.

La vie nous fera toujours de petites surprises, c'est ce qui fait son charme !

Savoir que nous avons la liberté de regarder différemment ce qu'elle nous propose en change toute la perspective.

Il m'a été possible de vérifier certaines des techniques de pratique énergétique en utilisant un logiciel qui mesure la cohérence cardiaque. Non seulement l'expérience des individus, mais aussi certaines confirmations scientifiques, comme des analyses de sang, ont permis de valider mes informations.

Je reçois régulièrement des gens référés par des « coachs d'affaires ». Les coachs parlent de mission d'entreprise, de gestion, de vision, de contrôle de la qualité… La plus grande difficulté rencontrée reste toujours la même, soit le management. Si le décideur a peur, l'entreprise est coincée.

Si le décideur ne sait pas déléguer ou prendre des décisions parce qu'il a peur des résultats, s'il veut tout contrôler ou n'arrive à aucune décision par procrastination, l'environnement de l'entreprise s'en ressent.

L'inverse est aussi vrai. Un individu solide et responsable de lui-même en fait profiter son environnement.

La plus grande cause à défendre est notre bonheur personnel, car une fois ce bonheur installé, nous pouvons devenir des piliers pour les autres.

Il faut commencer par soi, et cela profitera tout autour.

Si on veut devenir solide, il faut choisir ses défis.

Imaginez que vous soyez un diamant à mille facettes. Que connaissez-vous de vous-même si vous tournez en rond dans vos peurs ?

La vie se terminera un jour et il n'est ni bien ni mal de la mener d'une façon ou d'une autre. Il est juste plus intéressant de découvrir davantage chaque jour qui nous sommes, avec nos forces et nos vulnérabilités, car nous sommes tout cela.

J'entends souvent des gens dire : « J'ai beaucoup travaillé sur moi. »

Cessez un peu de travailler, la vie n'est pas une longue liste de choses à faire.

La vie est un privilège à découvrir, à ressentir, à vibrer.

Si vous pensez que vous aurez droit au repos lorsque la liste de choses à faire sera terminée, au contraire, elle s'allongera indéfiniment. Vous passerez à côté de bonheurs possibles.

Rappelez-vous que les gens qui apprennent qu'ils vont mourir incessamment manquent de temps pour être heureux !

En avril 2009, Maya Angelou, écrivaine et figure importante du mouvement américain pour les droits civiques, a été interviewée par Oprah à l'occasion de ses soixante-dix ans. Oprah lui a demandé ce qu'elle pensait de vieillir.

Elle a répondu : « Excitée ! » En ce qui concerne les changements de son corps, elle a ajouté : « Il y en a plusieurs qui se produisent chaque jour... en particulier mes seins. Ils semblent faire une course pour voir lequel se rendra le premier à ma taille. »

L'auditoire a tellement ri que certains en pleuraient. C'est une femme qui a des mots de grande sagesse.

Maya Angelou[5] a aussi dit ceci :

« J'ai appris une chose, c'est que peu importe ce qui arrive ou à quel point aujourd'hui semble éprouvant, la vie continue quand même, et demain ira mieux. »

« J'ai aussi appris qu'on peut dire beaucoup sur une personne à sa façon de voir trois choses : une journée pluvieuse, beaucoup de bagages et des lumières de Noël entremêlées. »

« J'ai appris que peu importe quelle a été ta relation avec tes parents, ils vont te manquer lorsqu'ils ne seront plus dans ta vie. »

« J'ai appris que "gagner sa vie" est bien différent de "faire sa vie". »

« J'ai appris que la vie nous donne parfois une deuxième chance. »

« J'ai appris qu'on ne devrait pas traverser la vie avec un gant de baseball dans chaque main ; il faut parfois être capable de renvoyer quelque chose. »

« J'ai appris que chaque fois que je décide avec un cœur ouvert, je prends généralement la bonne décision. »

« J'ai appris que même si j'ai des douleurs, je n'ai pas besoin d'en être une. »

« J'ai appris que chaque jour on devrait tendre la main à quelqu'un. Les gens aiment qu'on les serre dans nos bras ou qu'on leur donne une petite tape amicale. »

« J'ai appris qu'il me restait encore beaucoup à apprendre. »

« J'ai appris que les gens vont oublier ce que tu as dit, les gens vont oublier ce que tu as fait, mais les gens n'oublieront jamais comment ils se sont sentis avec toi. »

---

5. Voir le site Internet à l'adresse http://www.rambit.qc.ca/blog/textes-de-maya-angelou/

Lettre à mon corps

Le texte suivant est tiré du livre de Jacques Salomé, *Apprivoiser la tendresse. L'amour crée la tendresse qui survit à l'amour.*

« Bonjour mon corps,

« C'est à toi que je veux dire, aujourd'hui, combien je te remercie de m'avoir accompagné depuis si longtemps sur les multiples chemins de ma vie.

« Je ne t'ai pas toujours accordé l'intérêt, l'affection ou simplement le respect que tu mérites. Souvent, je t'ai même ignoré, maltraité, matraqué de regards indifférents, de silences pleins de doute, de reproches violents.

« Tu es le compagnon dont j'ai le plus abusé, que j'ai le plus trahi. Et aujourd'hui au mitan de ma vie, je te redécouvre un peu ému, avec tes cicatrices secrètes, avec ta lassitude, avec tes émerveillements et avec tes possibles.

« Je me surprends à t'aimer avec des envies de te câliner, de te choyer, de te donner du bon.

« J'ai envie de te faire des cadeaux uniques, de dessiner des fleurs sur ta peau, de t'offrir du Mozart, de te donner les rires du soleil, ou de t'introduire au cœur même du rêve des étoiles.

« Mon corps, aujourd'hui, je veux te dire que je te suis fidèle, non pas malgré moi, mais dans l'acceptation profonde de ton amour.

« Oui, j'ai découvert que tu m'aimais, mon corps, que tu prenais soin de moi, que tu étais vigilant et étonnamment présent dans tous les actes de ma vie.

« Combien de violences as-tu affrontées pour me laisser naître, pour me laisser être, pour me laisser grandir avec toi ?

« Combien de maladies m'as-tu évitées ?

« Combien d'accidents as-tu traversés pour me sauver la vie ?

« Combien d'abandons, de lâcher-prises as-tu acceptés pour me laisser entrer dans le plaisir ?

«Bien sûr, il m'arrive parfois de te partager et même de te laisser aimer par d'autres, par une que je connais et qui t'enlèverait bien si je la laissais faire…

«Mon corps, maintenant que je t'ai rencontré, je ne te lâcherai plus… Nous irons jusqu'au bout de notre vie commune et quoiqu'il arrive, nous vieillirons ensemble.»

Dans *Les quatre accords toltèques*, Don Miguel Ruiz propose de nouvelles manières de voir ce qui nous apaise.

Il écrit: «Autorisez-vous à imaginer la possibilité que vous soyez constitué d'une certaine fréquence de Lumière… Imaginez que vous êtes fait de Lumière… Il n'y a rien que vous devriez être, si ce n'est ce que vous êtes vraiment.»

Mais il en va autrement, car nous ne devenons par moments que des têtes!

Complètement coupés de tout ressenti, nous ne sommes pas habitués à ressentir notre corps. Quand il envoie des signaux d'alarme, on coupe le son!

Imaginez un petit mulet avec une lourde charge sur le dos, on le fouette et on lui demande de fournir sans cesse des efforts pour monter une côte. Il va finir par aller dans le fossé. Si on le fouette encore pour qu'il en sorte, que va-t-il se passer?

Imaginez que ce mulet c'est vous. Ne voudriez-vous pas qu'on commence par délester un peu de la lourdeur du fardeau? Ne voudriez-vous pas qu'on vous récompense en câlins et gâteries pour les efforts déployés? Ne voudriez-vous pas qu'on vous laisse le temps de récupérer pour la suite de la route?

C'est si simple et si logique!

Les médecins sont débordés à tenter de «sauver» les gens qui décident de ne pas se responsabiliser de leur propre vie. Dans notre grand désir de contrôle (issu de la peur et non pas de la rationalité), nous avons appris à gérer les problèmes au lieu de les régler, pas seulement dans le domaine de la santé, mais dans une foule d'autres domaines.

Une de mes amies, massothérapeute, me disait : « Une de mes clientes est bourrée d'antidépresseurs. Elle vit une relation de couple qu'elle remet en question aussitôt qu'elle diminue sa posologie. Voyant les frustrations refaire surface chaque fois, elle se remet à sa médication totale, déçue d'elle-même de vouloir ainsi changer la vie de sa famille à cause de ses émotions désagréables. »

Les petites filles se font souvent dire durant l'enfance qu'elles auront de la chance si un homme s'intéresse à elles. Il y a donc de l'effort à fournir, car l'attirance, ça se mérite !? Elles apprennent aussi que le bonheur de toute la famille dépend d'elles. Lorsqu'elles sont fourbues, épuisées, elles se font dire qu'elles ne doivent pas se montrer égoïstes et supporter le fardeau malgré tout.

Quels sont les avantages à être malade ?

Une femme, qui avait perdu l'usage de ses jambes à cause d'une difficulté nerveuse, prenait du mieux. Un jour, elle m'a téléphoné pour me dire qu'elle ne viendrait plus à ses séances ; elle ne souhaitait pas poursuivre sa démarche vers la guérison. Sa fille lui avait dit : « Lorsque tu avais l'usage de tes jambes, tu courais partout. Maintenant tu es confinée dans un fauteuil, et tu deviens accessible ; nous pouvons enfin devenir des confidentes. » Voyant sa fille heureuse de la situation, elle a décidé de terminer sa vie en fauteuil roulant. L'idée ne lui est pas venue qu'elle pouvait marcher et s'asseoir avec sa fille pour profiter de ces moments privilégiés. J'ai essayé de le lui dire, elle m'a répondu : « Le médecin pense que ça ne peut pas se rétablir et je lui fais confiance. »

Une fois, j'ai entendu quelque chose qui m'a fait sourire : si on imite l'autruche et qu'on décide de se mettre la tête dans le sable, on se met en bonne position pour recevoir un coup de pied bien placé !

L'énergie est neutre ; lorsqu'on vit un moment difficile, on peut en profiter pour cheminer, évoluer…

Il y a deux sortes de façons de faire un tour de montagnes russes. Soit on est mort de peur soit on est mort de rire.

Dans notre schème de référence actuel, contrôle est souvent synonyme de force. On apprend qu'il nous faut « contrôler et gérer nos émotions » afin de mieux performer.

Toutes ces actions : contrôler, gérer, performer… c'est du domaine de l'hémisphère gauche.

De quoi avons-nous tant peur ?

De perdre le contrôle !

Et nous le perdrons indéfiniment à force de nous épuiser à lutter contre nous-mêmes.

Il y a tant d'épuisements professionnels et de dépressions qui en résultent.

Pourtant, soyons honnêtes, il est si agréable de perdre le contrôle. Oublier la notion du temps, glisser sur le rire d'un enfant, faire l'amour prennent une tout autre dimension. C'est tellement meilleur quand on le lâche ce foutu contrôle !

Vouloir contrôler, c'est décider de ramer à contre-courant et c'est épuisant.

Les meilleurs moments de votre vie font référence à ces moments où vous n'êtes plus en contrôle. Je le sais, c'est toujours ainsi. J'ai questionné tellement de gens, ils me disent tous la même chose.

Si je suis cohérente,

Habituel = contrôle = peur = épuisement

Naturel = lâcher-prise = joie = santé

En effet, il est bien clair que c'est la sérotonine, issue du plaisir, qui guérit.

Dans les recherches cliniques, il est habituel de faire l'étude de nouveaux médicaments et en même temps d'utiliser « des traitements placebo ».

Souvent, le placebo, c'est du sucre ou de la farine en capsule. L'individu croit prendre un médicament et il guérit parfois. Il croit tester un nouveau produit prometteur. Le cas échéant, ce qui le guérit, c'est sa croyance.

Placebo veut dire plaisir.

Le plaisir nous ramène à l'énergie du cœur.

Chacune de nos émotions désagréables peut aussi nous indiquer comment sortir de notre tête.

Est-ce que vous réalisez qu'un jour, la cloche va sonner, annonçant la fin de votre vie ?

Que si vous êtes chanceux, vous aurez le privilège de dire au revoir aux gens que vous aimez ?

Mais de votre vivant, vous avez le privilège de le faire chaque jour, si vous le souhaitez.

Est-ce que vous réalisez que vous êtes dans cette vie de façon temporaire ?

Il faut donc se déshypnotiser si on souhaite cesser de faire toujours les mêmes expériences désagréables.

Sortir de sa tête pour aller dans son cœur semble être la route à suivre.

L'écoute de ce que nous ressentons crée notre parcours.

« Notre tête, c'est ce que tout le monde a mis dedans. » C'est ce que disait mon coach en pratique énergétique.

Puisque des états d'âme affectifs, émotionnels, contribuent à la maladie, ils peuvent aussi bien contribuer à la santé.

Si nos cadres de référence sont trop étroits, il est possible de les élargir !

Les gens qui consultent le font parce qu'ils sont malheureux, parce que l'étau se resserre à l'intérieur d'eux. Leurs manières de penser les limitent et les font tourner en rond. Nous dirons qu'ils se sentent « encadrés ».

Lorsque la somme de nos efforts déployés ne nous amène pas plus de bonheur, c'est que nous sommes dans l'énergie de la tête, dans une énergie de contraintes. Si nous avons une liste de choses qui s'ajoutent et que nous devrons faire avant de pouvoir nous reposer, c'est que nous sommes en train de décrocher. Lorsque nous sommes dans l'énergie du cœur, nous sommes dans le plaisir, la joie de vivre, et c'est très agréable de travailler dans cette énergie, et bien plus efficace.

Lorsque nous sommes dans l'énergie de la tête, nous pensons que nous sommes obligés d'avoir et de faire pour mériter une valeur, une reconnaissance de qui nous sommes.

Comme l'a si bien dit Pascal de Duve : « Mon histoire commence le jour où j'ai décidé de ne plus vivre ma vie comme on remonte un escalier mécanique qui descend. »

Chaque individu a le privilège de créer la signification des événements de sa vie.

La perte d'un emploi, par exemple, peut vouloir signifier différentes choses :

« Je suis prêt à connaître une autre expérience. »

« Je n'ai plus d'utilité, c'est un signe d'échec important. »

« Je vais devoir affronter beaucoup d'insécurité. »

« C'est le signe que je dois démarrer mon entreprise et tenter de réaliser mes rêves. »

« On va pouvoir juger de mon incompétence. »

En hypnose, certaines techniques visent à faire des recadrages face à l'échec ou aux difficultés de la vie.

C'est parfois merveilleux de voir à quelle vitesse le corps refait l'équilibre.

Le bonheur est simple : des feuilles qui bougent au vent, l'écoute d'un ami, le parfum des lilas, un enfant qui rit...

On ne perçoit rien de tout ceci quand on vit dans sa tête...

Ces petits moments remplissent le cœur et donne de l'énergie bénéfique.

Dans son roman *Et après*, Guillaume Musso écrit : « Quelqu'un qui pense maîtriser son existence n'a pas envie qu'on le bouscule dans ses certitudes. »

Il dit aussi : « S'occuper des autres, c'est s'occuper de soi. »

Voici un poème du Lama Guendune Rinpoché :

Le bonheur
ne se trouve pas
avec beaucoup d'effort
et de volonté
mais réside là, tout près,
dans la détente et l'abandon.
Ne t'inquiète pas,
il n'y a rien à faire.
Tout ce qui s'élève dans l'esprit
n'a aucune importance
parce qu'il n'a aucune réalité.
Ne t'y attache pas.
Ne te juge pas.
Laisse le jeu se faire tout seul,
s'élever et retomber, sans rien changer,
et tout s'évanouit
et commence à nouveau sans cesse.
Seule cette recherche du bonheur
nous empêche de le voir.
C'est comme un arc-en-ciel
qu'on poursuit sans jamais le rattraper.
Parce qu'il n'existe pas,
qu'il a toujours été là
et t'accompagne à chaque instant.
Ne crois pas à la réalité
des expériences bonnes ou mauvaises,
elles sont comme des arcs-en-ciel.
À vouloir saisir l'insaisissable,
on s'épuise en vain.
Dès lors qu'on relâche cette saisie,
l'espace est là, ouvert,
hospitalier et confortable.
Alors, profites-en.
Tout est à toi, déjà.
Ne cherche plus.
Ne va pas chercher
dans la jungle inextricable
l'éléphant qui est tranquillement
à la maison.
Rien à faire.
Rien à forcer.
Rien à vouloir.
Et tout s'accomplit spontanément…

Pauwels et Bergier ont écrit dans *L'homme éternel*: « Les esprits sont comme les parachutes, ils ne fonctionnent que lorsqu'ils sont ouverts. »

Gandhi a étudié la théosophie lorsqu'il est arrivé en Angleterre au début de sa vie adulte. La théosophie de Gandhi, c'est ma pratique énergétique. Que nous dit la théosophie ? Elle serait la voie de la spiritualité. « Théo » veut dire « dieu » ; « sophia » veut dire « sagesse ». Comment atteindre la sagesse de Dieu ? Par la quête de la vérité. Qu'est-ce que la vérité ? Elle est en mouvement et, tout comme la vie, elle se transforme en fonction de nos perceptions, de notre évolution.

Selon mon expérience, la quête de la vérité est primordiale à la santé.

Lorsque les vérités ne souhaitent pas être entendues, les oreilles se bloquent, la vue s'appauvrit. Le regard et les paroles deviennent sévères.

Une de mes étudiantes souffrait de difficultés auditives. Après quelques cours, elle nous a affirmé qu'elle baissait fréquemment le volume de sa télévision. Lors d'un événement en particulier, elle nous a dit qu'elle n'entendait pas ce qu'elle souhaitait entendre ; elle a alors quitté le groupe. Une autre étudiante qui la côtoyait m'a dit que le son du téléviseur avait retrouvé son haut volume initial.

Ma mère faisait partie de ces gens qui ne souhaitent pas entendre certaines informations. Pour elle, l'Église catholique, ses prêtres et ses religieuses étaient exempts de tous les péchés. Elle niait les informations dénonçant les sévices sexuels de certains religieux sur les enfants. Pour elle, il n'y avait aucun doute possible, il ne s'agissait que de calomnies. C'était sans appel. Je repense parfois à ses doigts tordus par l'arthrite, son index qui tapait sévèrement sur la table en disant que toutes ces choses étaient fausses. Elle n'était pas en mesure de s'ouvrir à l'idée que ces vérités soient possibles.

Prenez les personnes âgées, de quoi parlent-elles ? Bien souvent de leurs conflits émotifs qui ne sont pas réglés ou des évènements qui ont marqué leur enfance.

Plus ses fausses vérités s'effritent, plus l'état de l'individu se rapproche du divin.

Reprenons la situation où ma sœur a lu mon journal intime. Durant très longtemps, quand j'y repense, je parviens à revivre cette émotion désagréable liée à sa trahison qui me chagrine. Beaucoup plus tard, j'apprends qu'elle a été victime d'agressions sexuelles et qu'en agissant ainsi, elle souhaitait savoir si j'avais vécu la même chose qu'elle.

Lorsque cette nouvelle vérité apparaît, je me calme. L'énergie d'agitation qui tournait dans ma tête rejoint celle du cœur. J'éprouve dorénavant de la compassion pour ma sœur. Cette transformation de mon énergie par la nouvelle vérité me permet de retrouver un état de calme. Cette vérité élargie m'amène à transformer ma rancune vers un sentiment plus humain. Je me rapproche ainsi d'un état plus pur, plus « divin ».

Gandhi semblait obsédé par sa quête de la vérité.

De par mon expérience, je sais que la vérité amène la guérison.

Je sais que lorsque l'âme demande sincèrement à recevoir la vérité, celle-ci arrive toujours.

Parfois, c'est un enfant ou un itinérant qui la livre.

Parfois, c'est l'inspiration, tout simplement.

Si la question est lancée, munie d'une intention sincère de recevoir, l'âme va chercher la réponse à celui qui y est ouvert.

C'est l'expérience de mes quinze dernières années qui l'affirme.

C'est de cette manière que mes clients et mes étudiants guérissent.

Gandhi voulait que les intouchables soient traités comme des êtres égaux. Il voulait le respect pour lui et pour son peuple, peu importe la caste dont l'individu était issu.

Tout jeune homme, Gandhi voulait marcher sur le trottoir, même s'il était Indien. Il pensait que, peu importe la couleur de sa peau, sa nature humaine lui donnait les mêmes droits que ceux des Anglais. Il refusait catégoriquement les actes de violence. La violence est la matérialisation de l'irrespect.

Il s'est fait jeter en dehors d'un train. Quelqu'un avait payé pour lui un billet en première classe, mais le règlement refusait que l'homme indien puisse s'asseoir en première classe. Gandhi explique dans son autobiographie qu'il aurait été plus simple de changer de wagon, mais cela aurait voulu dire qu'il était en accord avec l'idée qu'un Indien, de par la couleur de sa peau, soit moins important qu'un Blanc. Comme il ne pensait pas qu'il était vrai que certains hommes valent plus que d'autres, il a passé la nuit à avoir froid sur le quai de la gare.

Il a organisé une marche pour le sel. Il affirmait que le sel était déjà sur Terre avant la venue des humains. Qu'il était donc irrespectueux de payer pour le sel qui appartenait déjà à tous les individus et non pas à quelques-uns en particulier.

Il avait choisi comme arme principale la résistance passive, ce qui ne voulait pas dire l'acceptation passive de l'injustice, mais une opposition active bien que non violente, soit de ne pas se soumettre à la loi et d'être prêt à en subir les sanctions.

Il était aussi d'accord pour nettoyer les latrines lorsque c'était son tour de le faire.

Le bonheur est pratiquement impossible sans la notion de respect. Lorsqu'un individu est respecté, il se sent solide.

Une de mes amies est décédée d'un cancer des ovaires. Durant toute sa relation conjugale, elle a accepté de se faire humilier par son conjoint. J'avais maintes fois essayé de lui démontrer que cela nuisait à sa solidité, à son équilibre. Elle croyait qu'elle ne pouvait pas vivre sans lui. Je crois aujourd'hui que cette situation l'a tuée à petit feu.

Comme je n'étais pas sa thérapeute et qu'elle tenait plus que tout à cette relation conjugale, j'ai abdiqué. J'ai même décidé de ne plus fréquenter le couple. Je ne supportais plus de la voir se laisser humilier continuellement.

Laissez-moi vous raconter l'histoire de ce monsieur âgé qui était malheureux dans sa vie de couple. Sa femme et lui étaient en conflit depuis longtemps. Durant de nombreuses années, leur vie sexuelle a été inexistante. Ils se toléraient à peine. Lorsque l'épouse est décédée, l'homme marchait difficilement à l'aide d'une canne.

Il s'est fait une copine qui l'admirait au lieu de le dénigrer. Elle était plus jeune que lui et réclamait de la tendresse et ce qui vient avec une relation de couple. Il a repris vie et il a recommencé à marcher sans soutien.

De par ma pratique, je reviens continuellement au même constat que Martha Graham : « Le corps ne ment jamais. »

Aujourd'hui, arrêtez-vous, respirez un bon coup et regardez autour de vous.

Lorsqu'on s'arrête pour savourer le moment présent, surtout lorsque celui-ci est merveilleux, on découvre que la valeur du temps n'équivaut en rien à la valeur des biens matériels qu'on peut accumuler durant toute une vie… et que sans ces moments, la vie perdrait son sens.

Et lorsqu'on se rend compte que ces moments sont présents dans notre vie, on peut se demander : Après quoi court-on ? On regarde le moment comme si on était extérieur à lui et on se dit : C'est ça ! C'est ça le bonheur, je suis enfin arrivé à destination. Bravo ! Et après ? L'incertitude et la lucidité nous gagnent et nous ressentons la peur de perdre ce moment. Lorsqu'on a déjà vécu la perte, notre corps se la rappelle et nous fait signe. Les souvenirs refont surface et s'entremêlent avec le présent, ce qui rend les moments de bonheur plus intenses, car on leur donne une importance hors du commun.

La simplicité se transforme en or et le temps n'existe pas vraiment.

La lucidité et le temps nous disent que rien n'est éternel, que tout a une fin. C'est lorsqu'on envisage une fin possible des moments de bonheur que nous devons choisir entre les vivre à fond ou respirer le goût amer de la mélancolie. Pour moi, cette lucidité me fait apprécier mes moments de bonheur au plus haut point. Même si, parfois, je me sens fébrile, je tente du mieux possible de les vivre à fond et je vous souhaite la même chose.

Pour tous mes amis, aujourd'hui, je vous souhaite simplicité, liberté d'esprit et amour !

L'histoire de Louise

Tous portent leur histoire, voici la mienne.

Dans ma vie d'avant la fêlure, j'étais une solitaire, car les gens écorchaient mon âme sensible d'écrivain.

Dans ma vie d'après la fêlure, je me suis ouverte au monde, mais je me trouve en morceaux sur le seuil de cette nouvelle existence. Une chape lourde mes épaules du poids de la culpabilité. Je déchire ma peau blême. Contrainte par l'angoisse, l'anxiété, j'avance en chancelant de façon saccadée aux confins de plaques tectoniques.

J'entreprends ici et maintenant un parcours vers la vie, avec Michelle, qui guide, qui soutient, et d'autres êtres en souffrance car autrement je vais mourir.

22 mai
Je suis fatiguée immensément ; atteinte du mal d'âme, j'éprouve la souffrance d'être.
Pour survivre, je dois lâcher prise.
Je peine à respirer en profondeur, depuis si longtemps.
J'apprends la méditation du cœur.

5 juin

Mon être doit se réunifier, se réparer, guérir.

16 juin

J'ai aperçu un être vibrant de lumière prismatique. Je l'ai effleuré ; un bonheur indicible m'a envahie durant quelques moments. J'ai pleuré de joie. C'est comme un cadeau du ciel.

19 juin

L'on dirait que tout s'est ligué pour que je n'arrive pas sur les lieux de la rencontre ; la détermination m'y a portée.

Michelle dit que le bonheur fait peur.
Accepter la situation telle qu'elle est.
Qu'est-ce que j'ai peur de perdre ?

21 juin

Il s'agit d'un traitement de libération émotionnelle. Je joue le cobaye ; j'imagine un hamster qui fait vaillamment tourner sa roue. Soyez fines mes dames, je m'en remets à vous.

Remonte à la surface de l'inconscient la cristallisation du viol (et la révolte contre ma mère qui ne voulait jamais entendre mes confidences, et la dépendance à la cigarette comme bouée pour surnager m'empêchant de respirer). J'avais douze ans.
Tout cela s'épanche en boucane opaque, imaginaire.
Je tousse pour chercher mon air. Tout mon être vibre. Je suis tant secouée que mes cellules s'entrechoquent.

L'être de lumière me dit : « Finalement, tu as compris, je te protège ».
Mon ange gardien ? Quel contraste entre sa voix et son apparence !
Est-ce que je délire ?

22 juin

La peine ruisselle ; un contre-choc. Je pleure à chaudes larmes cette souffrance accumulée depuis plus de quarante années.
Ma mère était atteinte par sa propre douleur de vivre, ce qui l'empêchait de m'écouter.

3 juillet

La veille, j'ai gravi l'Everest : le carton se trouvait au centre de la pièce encombrée du grand déménagement.

Pas de pratique énergétique, ni de méditation du cœur ; seul le travail physique a compté durant cette quinzaine.

Je n'ai plus d'argent et des paiements à faire.

17 juillet

J'arrive à la rencontre en état de panique. Je pleure. Michelle dit que la sécurité financière est un état, comme le bien-être (ou autre pensée magique du genre).

> (J'y reviens, la sécurité est une émotion, l'émotion se trouve dans le corps, non pas à l'extérieur, c'est très rarement la situation qui crée l'émotion, c'est davantage la perception de la situation. J'ai tenté de te faire percevoir les choses différemment, afin de t'apaiser. Une fois en paix, on voit les issues qu'on ne voyait pas avant.)

À midi, je mange comme si c'était mon dernier repas.
Je suis tellement fatiguée.
Chez moi, mon sanctuaire est presque prêt.
Je vais reprendre la pratique énergétique, la méditation du cœur.
Je vais aussi me reposer.

31 juillet

Maintenant que sanctuaire il y a… j'ai repris la pratique énergétique ; j'ai même augmenté la durée.

Pour que le corps se répare, la peau s'embellisse, l'énergie s'équilibre et le cœur s'ouvre.

Pour la méditation du cœur, quelque chose m'en empêche. Quel est le problème ?

3 août

J'en suis encore sur l'état d'être, que j'assimile quasiment à de la pensée magique. À mon sens un maillon faible ou à tout le moins mal transmis. Ou plutôt mal écouté.

Des échardes sont parfois touchées ; subsiste la souffrance autrefois associée.

5 août

Je me suis vue, vieille et sereine ; de longs cheveux presque diaphanes étalés sur un oreiller vêtu de blanc. Il était là ; je le devinais souriant en ce moment du grand départ pour l'au-delà. Tout avait été accompli de ce qui devait l'être.

14 août

Je prends conscience que je dois trouver de l'aide financière.

17 août

Je naufrage.

Je dois demander « l'aide de dernier recours ». Il n'y a plus de saint à qui me vouer. **Toutes** mes démarches ont abouti à l'impasse. L'argent n'arrive plus qu'au compte-gouttes.

Tous ces renoncements, même à l'essentiel, me paralysent. J'ai mal aux jambes, aux bras, parce que la circulation sanguine est gênée par la chaleur, aussi. Je reste de longs moments immobilisée, à chercher le sommeil, l'oubli.

J'ai l'impression de disparaître corps et biens.

La perspective de toutes les humiliations à venir me donne la nausée.

La pratique énergétique, la méditation du cœur, pas capable.

Un état d'être a-t-elle dit. Je suis en état de non être.

28 août

J'écoute distraitement. J'annonce un -10 à l'échelle du bien-être, mais je précise que je ne veux pas en parler pour le moment, ce que l'on respecte.

Après le dîner, la peine déborde.

Petite, j'ai eu faim. Ma famille était pauvre. Mon père était journalier chez Imperial Tobacco ; il gagnait un bon salaire, mais il devait assurer la subsistance de cinq personnes dans un contexte social où il fallait payer les frais médicaux et les coûts d'hospitalisation (ma mère a subi quatorze interventions chirurgicales et sa sœur paraplégique quelques-unes ; cette dernière vivait chez nous). Mon père se faisait un point d'honneur à répéter qu'il n'aurait **jamais** recours au « bien-être social », comme l'on disait à l'époque.

Un traitement de libération émotionnelle en particulier avec l'assistante de Michelle m'a permis aussi de voir les choses autrement. Ce n'est pas déchoir que de demander de l'aide financière lorsqu'on en a besoin ; la difficulté est d'ordre temporaire. Le sentiment de honte m'est venu en héritage. Je l'accepte. Je peux maintenant aller plus loin.

5 septembre

Jacta alea esto : que le sort en soit jeté.

Et s'ils refusent de m'aider ?

Le processus enclenché expose toute ma vie au regard d'inconnus travaillant au département des rêves échus.

Je suis un insecte épinglé sur la table de l'entomologiste.

Laisser aller pour survivre.

Et s'ils refusent de m'aider ?

11 septembre

Michelle ne fait pas dans la dentelle. Ce n'est certainement pas une chatouille des échardes qui me hérissent, plutôt un écorchement. Je suis devenue tellement vulnérable. Ainsi confrontée, c'est la pire attitude à adopter avec moi.

Michelle semble croire que mettre en lumière des éléments contra-dictoires entraîne la nécessité de résoudre la contradiction.

> (Ce n'est pas exactement ainsi que ça fonctionne ; cela amène la confusion nécessaire à nous déshypnotiser de nos difficultés.)

Pour moi, cela ne fait que souligner la prise de conscience d'une incertitude.

Retour en arrière : toute ma vie et jusqu'à sa mort, ma mère me criti-quait sans cesse, tout le temps, pour tout. Alors, la confrontation me fait perdre tous mes moyens, me porte sur la défensive.

Passer par la bande est un autre processus de pensée qui m'est étranger ; mon frère « passait de côté » pour m'atteindre et me molester.

> (Il fallait bien tenter quelque chose, je ne pouvais tout de même pas te laisser mourir ! Quitte à te faire mal, il fallait agir ! Tu avais tellement mal de partout que je devais te faire mal afin de pouvoir te soulager.)

Je comprends que Michelle utilise les moyens qu'elle connaît, qu'elle ne peut pas en mesurer les impacts sur des êtres trop sensibles, et qu'elle n'a surtout pas à le faire.

16 septembre

Il y a trois jours, pas loin de minuit, j'ai atteint le point où tout peut basculer. J'étais folle de souffrance, paralysée par l'impuissance. Je ne voulais plus vivre. Je n'en étais plus capable.

Au bout des larmes, j'ai commencé une méditation du cœur. J'ai émis trois intentions, dont celle-ci : qu'on m'aide à trouver l'équilibre énergétique pour réaliser mon projet d'affaires.

Une idée de Michelle auparavant lancée à brûle-pourpoint a fait son chemin. J'ai pu me remettre au travail et donner un sens (et naissance) à mon livret, faire de beaux écrits.

Le lendemain, l'aide financière m'a été accordée.

(Cela a suivi le cours normal des choses, Michelle).
      (Après que l'état d'être a été changé, tu vois ? Je te l'avais dit !)

Le surlendemain, l'on m'a fait entrevoir la possibilité d'obtenir de la formation (gratuite) et l'aide d'un mentor pour mieux mener à bien mon entreprise d'aide en l'écriture de textes en français.

Toute cette souffrance a laissé des séquelles.

25 septembre

Je n'avais apporté que quatre exemplaires (quatre couleurs vibrantes) de ma synthèse de douze pages sur la manière de faire de beaux écrits comme l'on prépare de beaux discours. Je les ai vendus en moins d'une minute… Ce livret a été bien accueilli, et moi, je rayonnais. J'ai expliqué en long et en large ce mouvement créatif.

L'on remarque que ma peau s'est embellie ; je ne me déchire plus.
Toute la journée, j'ai été en mode ouverture, à l'écoute de tous.
Heureuse d'être en vie.

4 octobre

Mon être a changé de peau, comme une mue ; je regarde l'enveloppe chitineuse à composter.

Je n'éprouve pas de peine.

6 octobre

Qu'ai-je eu peur de perdre ?

La peur. C'est rassurant, habituel, d'avoir peur. Cela oriente une vie, des pensées, la toile de fond existentielle.

J'ai vécu avec la peur durant un demi-siècle.

Qu'est-ce qui remplace la peur ?

La vie.

Remerciements

Je remercie Guy, mon conjoint, qui me soutient continuellement. Il est mon meilleur public inconditionnel depuis toujours. Je remercie ceux qui sont venus me consulter, qui sont devenus mes élèves, surtout ceux qui ont eu le courage incroyable de faire le cheminement intérieur jusqu'au bout.

Je remercie Mathieu Béliveau et toute son équipe de me permettre de vivre cette expérience nouvelle et enrichissante.

Je remercie Fannie Blaney pour le design, la mise en page, et tellement d'autres choses que je ne peux pas toutes les écrire (le livre serait trop long).

Merci à Louise Deguire pour plein de générosités.

Merci à Carole Guerra et George Benoit et Louise Giroux pour le support au développement.

Je remercie Geneviève Bellavance, qui est toujours là.

Je remercie Louise Gauthier pour sa sensibilité, aussi grande que son professionnalisme, et sa rigueur professionnelle. J'ai absolument adoré la structure que tu as donnée à notre livre. Je le trouvais meilleur chaque fois que tu le peaufinais. Tu l'as fait dans le plus grand respect. Nous avions convenu «que la tête serait au service du cœur». Notre convention a tenu bon.

Je le souhaitais bon, tu l'as rendu mieux que mieux. Alors, je me suis mise à rêver, espérant que ce livre amènera de belles émotions. Je compte sur toi, tu pourras toujours compter sur moi.

Je me suis imaginé qu'il partait, le cœur léger et joyeux, faire un très très grand voyage sur tous les continents de toutes les dimensions. Je me suis mise à rêver du voyage que notre livre pourrait faire. Je me suis mise à rêver qu'il pourrait allumer des petites flammes de vie, d'espoir de guérison, le feuilleter de nouveau pourrait raviver les braises… Je me suis mise à rêver qu'il serait offert dans l'énergie du cœur, qu'il serait ouvert pour y retourner. On voulait le faire beau comme un sou neuf, le nez brillant comme un bébé qui sort du bain.

Merci à la vie et à tous ceux qui me l'ont enseignée. Même dans la difficulté.

Michelle Roy

Table des matières